FACTEURS
EN FRANCE

CONCEPTION ET RÉALISATION

LES ÉDITIONS TEXTUEL © 2006
48 RUE VIVIENNE
75002 PARIS
WWW.EDITIONSTEXTUEL.COM
ISBN : 2-84597-201-6

GRAPHISME

LA BONNE MERVEILLE
ASSISTÉE DE BIBLIS DUROUX

DIRECTION ÉDITORIALE

FABIENNE WAKS

DIRECTION PHOTOGRAPHIQUE

ALAIN WILLAUME

CET OUVRAGE A ÉTÉ ÉDITÉ
AVEC LE SOUTIEN DE LA POSTE
(DIRECTION DU COURRIER/DIRECTION
DE LA COMMUNICATION)

LE TRAVAIL PHOTOGRAPHIQUE A ÉTÉ
RÉALISÉ DANS LE CADRE D'UN
PARTENARIAT AVEC L'ÉCOLE SUPÉRIEURE
DES ARTS DÉCORATIFS DE STRASBOURG
(ATELIER DE COMMUNICATION GRAPHIQUE)

57 FACTEURS EN FRANCE

57 FACTEURS EN FRANCE

57 FACTEURS EN FRANCE

FACTEURS EN FRANCE

textuel

Sommaire

Note de l'éditeur

Facteurs en France (tome 1 et 2) fait le tour de France des facteurs, département par département. Afin de donner la parole à des parcours particuliers, cinq départements apparaissent à plusieurs reprises (Isère, Haute-Savoie, Drôme, Paris, Seine-et-Marne). Sportif de compétition, pompier engagé, féru de patrimoine, humoriste ou passionné de nouvelle technologie, ils reflètent la diversité des profils et la richesse humaine des 100 000 facteurs de France.

Avant-propos
Robert Rochefort

La société française est inquiète. Les changements qu'elle traverse remettent en cause beaucoup de ses fondements. Cela tient pour beaucoup à l'accélération du temps. Ce qui hier était assuré devient désormais précaire, susceptible d'être remis en cause à tout moment : emploi, logement, famille, santé… pour soi ou pour l'un de ses proches. Et plus les temps sont durs, plus le facteur est témoin des doutes et des peurs de ses clients. Heureusement, il voit aussi leurs joies et leurs espérances. Il doit d'ailleurs savoir s'en protéger car on peut se montrer trop possessif à son égard comme le dit Delphine à Chamonix.

Face à cela, tout ce qui contribue à maintenir ou à retisser le lien social doit s'exercer dans trois dimensions : rassurer car il s'agit bien sûr de ne pas en rajouter dans l'inquiétude, relier car le principal des risques qui découle de tous les autres, c'est de se retrouver seul et isolé. Après la solitude rurale, connue depuis longtemps, se rajoute désormais celle des villes : 40 % des logements des grandes agglomérations sont occupés par des personnes seules. Enfin, il faut savoir aider les personnes à se reconstruire lorsque survient une difficulté, illustrant le fait que les inquiétudes, si elles sont parfois amplifiées par l'air du temps, renvoient à des risques bien réels. Il m'est apparu évident, à la lecture de tous ces récits, de tous ces témoignages de facteurs, qu'ils étaient au cœur de ces trois problématiques. Tout d'abord, le facteur est une personne rassurante. Cela tient à la régularité de sa tournée, même lorsqu'il n'apporte ni lettre ni colis. C'est la force d'une présence humaine qui, de plus, n'est barricadée derrière aucun guichet, mais qui va au contact des autres. Il arrive que des personnes âgées se sentent déstabilisées lorsque c'est un remplaçant qui officie, voire tout simplement si leur facteur est en retard. Il arrive aussi, comme pour Bernard de Tarascon, qu'on n'ait vraiment pas envie de le voir partir à la retraite, au point d'envisager avec humour une pétition pour le garder en activité. Quelques codes rappelés dans les photos de cet ouvrage contribuent à sécuriser les habitants. Le jaune de la voiture se voit de loin, celui du vélo stationné à quelques maisons est le signe que l'attente ne sera plus très longue. L'uniforme qui peut se porter de différentes façons est un repère rassurant.

Car même s'ils s'arrêtent pour échanger quelques mots, les facteurs sont toujours en mouvement. C'est en cela qu'ils sont reliants. Ils forment une toile vivante, un réseau, tellement complémentaire avec celui, virtuel, de l'Internet. Il n'y a plus à opposer l'un à l'autre. L'objet commandé par un clic d'ordinateur est apporté quelques jours plus tard par le facteur. Désormais, c'est même parfois le précieux sac de médicaments qu'il délivre à domicile. Le facteur peut tout aussi bien transmettre un simple message oral d'un proche à son voisin.

Mais le facteur est aussi porteur de ce que l'on dénomme désormais la résilience, c'est-à-dire justement d'une aide face à la difficulté pour ensuite pouvoir se reconstruire. Cela peut aller très loin, comme Emmanuel du Mée-sur-Seine qui est intervenu à temps en entendant les gémissements d'une vieille dame tombée en taillant ses rosiers depuis plusieurs heures, incapable de bouger… au point d'être devenu ensuite « son sauveur ». Ou plus simplement « aider parce qu'il n'y a plus de commerce au village ».

Le rythme effréné des modes de vie nous fait attendre presque quotidiennement des courriers importants. Ceux à la recherche d'un emploi espèrent un premier entretien. Beaucoup ont une appréhension répétée devant les résultats en provenance des laboratoires médicaux que Martine de Mirambeau délivre en toute priorité au « docteur qui attend ». Combien reculent le moment de découvrir l'ampleur du découvert sur le relevé bancaire qui vient d'arriver ? À chaque fois, l'interrogation est la même, le pli apportera-t-il une bonne ou une mauvaise nouvelle ? Certains se cacheront pour le savoir, d'autres voudront prendre leur facteur à témoin. Très vite, ce dernier saura même avant son client, en préparant sa tournée, si les lettres tant attendues seront au rendez-vous ou pas. Impossible, si des liens se sont tissés au fil des ans, de rester indifférent à ce que ce courrier provoquera. Le facteur devient alors encourageant ou consolant. Comme le dit Éric de Guise : « Il faut savoir donner un coup de main ou laisser en paix si on sent un malaise à la remise d'un recommandé. »

Mais au-delà du quotidien, il y a cette promesse sans cesse renouvelée du lendemain. Le courrier à venir viendra effacer les doutes de celui d'aujourd'hui. Être facteur, c'est porter cette espérance aux autres. Dans le flot continu des demandes de règlement, le chèque rédempteur finira bien par arriver. Comme le dit Bernard de Tarascon sur Ariège : « J'aimerais bien apporter uniquement des bonnes nouvelles. » Demain, peut-être ?

Robert Rochefort
Directeur général du Credoc
Centre de recherche pour
l'étude et l'observation
des conditions de vie.

Les facteurs distribuent le courrier de leurs clients, 6 jours sur 7, par tous les temps et en tous points du territoire. Merci aux 57 facteurs de cet ouvrage qui, comme les 100 000 facteurs partout en France, incarnent chaque matin les valeurs de La Poste et du service public. Ces 57 portraits de facteurs, ce sont 57 beaux témoignages sur la vie de tous les jours et 57 reflets de la vie des Français.

Jean-Paul Bailly,
Président du Groupe La Poste

Je salue ces 57 facteurs qui évoquent, en leur nom et ceux de leurs collègues, toute leur passion pour l'exercice de leur métier. Chacun de ces portraits montre que, pour les facteurs comme pour les clients, la tradition n'est pas l'ennemi de la modernité. Nous allons donc développer toutes les facettes de ce métier. L'adaptation, dans le respect de nos valeurs, c'est le fondement même de l'innovation.

Raymond Redding,
Directeur général du courrier

CTEURS EN FRANCE

MONTAUBAN /
(TARN ET GARONNE)

À Paris, on parle davantage aux boîtes aux lettres qu'aux êtres humains.

Thomas Goubeau
25 ans, facteur depuis 7 ans

FACTE

CENTRE COURRIER DE MONTAU
RUE SALVADOR ALLENDE
BP 750
82013 MONTAUBAN CEDEX

À nous deux Montauban

Le Sud-Ouest, le vrai. Ici, les maisons, traditionnellement de plain-pied, arborent un toit en tuile. Elles se reflètent souvent dans l'eau d'une piscine. Quelques jouets épars dans les jardins témoignent de la présence d'enfants. À Montauban, dans le Tarn-et-Garonne, nombre de citadins s'éloignent du centre-ville pour goûter aux joies de la campagne et fuir la flambée des prix de l'immobilier.
Thomas Goubeau sillonne à mobylette ces petites routes qui portent toutes le nom de « chemin ». Des deux côtés, les maisons poussent comme des champignons. Pressés, les habitants s'installent avant même que le crépi ne recouvre les briques. Thomas bataille avec quelques boîtes trop petites car remplies à ras bord de publicités. Rapide et appliqué, il n'omet jamais un petit geste de la main en direction des plus âgés qui retournent la terre de leur potager. Il les salue même s'il ne les connaît pas. Aux rares personnes qu'il croise, il adresse un mot gentil, récolte quelques lettres à poster, puis repart.
Dernière semaine de « rouleur », comprenez de remplaçant. Dans quatre jours, il aura sa propre tournée, à vélo, dans les faubourgs de Montauban, quatre mois seulement après son arrivée dans le Sud-Ouest. Pour avoir sa tournée, il a d'abord réussi son examen : trier deux cents lettres, en dix minutes, avec un maximum de trois erreurs. L'après-midi, après sa tournée, il revenait réviser au centre courrier, y apprenant par cœur les rues et les casiers de tri correspondants.
Déterminé et serein, Thomas sait parfaitement où il veut arrimer sa barque. Il n'aimait pas l'école, alors il l'a quittée, en seconde. Grâce à ses parents postiers, il a effectué des remplacements l'été. Comme le métier lui plaît, il a franchi le pas. À dix-huit ans, il devient facteur à Paris, puis rejoint Montauban avec sa femme, professeur des écoles. Il ne compte pas en rester là et se voit déjà chef d'équipe et pourquoi pas encore plus haut : il veut « monter », comme il dit. Pour l'heure, il monte tous les week-end à l'assaut des paniers de basket, sa passion.

« À Paris, on parle davantage aux boîtes aux lettres qu'aux êtres humains,

en dehors des commerçants et des quelques concierges qui restent. Mais si l'on fait preuve de curiosité, on apprend beaucoup de choses dans ce métier. J'avais de nombreux clients antiquaires. Au début, je rentrais dans leurs magasins sans même faire attention. Un ami, fin connaisseur en antiquités, m'a initié à la brocante. Grâce à lui, j'ai connu la salle des ventes de Drouot et j'ai alors commencé à me passionner pour les trésors de mes clients. Les commerçants du village Saint-Paul à Paris m'ont invité à la fête des voisins. Cela m'a fait plaisir de sentir que j'étais vraiment intégré à la vie du quartier. C'est vrai que le métier de facteur permet de rencontrer des personnages qui sortent de l'ordinaire. Je me souviens de cet écrivain que je croisais de temps en temps dans la rue. Plusieurs fois, il m'a demandé une feuille et un stylo pour noter quelques phrases qu'il avait peur d'oublier.

À Montauban, il y a peut-être moins de rencontres exceptionnelles mais les relations sont nettement plus chaleureuses. À la campagne, les papys vous saluent de loin dans leur jardin. Je sens qu'ils sont contents de voir passer le facteur. Souvent, ils ont besoin de parler. Pas des grands discours, juste quelques mots échangés sur tout et n'importe quoi. Les gens aiment leur facteur, à condition qu'il ne passe pas comme une fusée. Parfois, la fatigue aidant, ou lorsque le moral n'est pas au beau fixe, je suis tenté d'accélérer la cadence, pour rentrer plus tôt. Mais je prends sur moi.

Comme remplaçant, il est difficile d'établir de vrais contacts et un peu frustrant que l'on m'interroge en permanence au sujet du titulaire "Il est parti ?" ou "Quand est-ce qu'il revient ?" C'est la raison pour laquelle j'attends avec impatience de commencer ma propre tournée. Je vais me présenter à mes clients, leur proposer mes services, leur assurer que je suis là pour les conseiller. Pour établir de vraies relations avec eux. C'est tout de même cela notre métier. Non ? ”

NCE

THOMAS GOUBEAU
CENTRE COURRIER DE MONTAUBAN
RUE SALVADOR ALLENDE
BP 750
82013 MONTAUBAN CEDEX

CTEURS EN FRANCE
BASTIA /
(HAUTE CORSE)

J'ai toujours eu envie de bien faire pour ne pas décevoir mon père qui m'a appris le travail.

Virginie Castellani
26 ans, factrice depuis 5 ans

FACTEU

VIRGINIE CASTELLANI
CENTRE COURRIER DE BASTIA
AVENUE DU MARECHAL SEBASTI
20403 BASTIA CEDEX

Factrice de père en fille

Chez nous, on est facteur de père en fille, plaisante Virginie Castellani dont le père exerce son métier dans le même centre courrier à La Poste principale de Bastia. Il est vrai qu'elle est la première à perpétuer ce qui pourrait bien devenir une tradition familiale. Avec son père, Virginie a été à bonne école. Tout en poursuivant des études de comptabilité, elle travaille plusieurs étés comme factrice pour se faire de l'argent de poche. Si bien qu'en 2001, quand on lui propose un CDI, elle accepte tout de suite. Après plusieurs remplacements, elle prend la responsabilité, en mars 2003, de la tournée moto du Fango qu'elle délaisse en octobre 2005 pour celle du centre-ville. Malgré son déni de tout talent vocal, son accent suffit à faire chanter le nom des rues qu'elle emprunte, Campinchi, Paoli, Peri, pour leur donner un petit air de ritournelle dont elle reprend le refrain chaque jour de la semaine. À la voir déambuler dans les rues avec son Caddie, ses clientes sentent comme un petit miracle dans l'air. L'une d'entre elles lui a même ramené de Lourdes une petite statuette de la Vierge. Et d'ajouter, « des facteurs comme ça, nous on veut bien les garder » tout en lui collant deux grosses bises sur les joues.

« J'ai toujours eu envie de bien faire pour ne pas décevoir mon père qui m'a appris le travail sur la plus belle tournée, celle de la citadelle. Quand je l'accompagnais sur la tournée, les clients lui demandaient si j'étais sa nouvelle remplaçante, mon père répondait par l'affirmative et ajoutait que j'étais sa fille. Je ressentais cela comme une exigence supplémentaire dans l'accomplissement du travail. Les Corses ont le sens de la famille et ils m'ont tout de

suite adoptée. Pas seulement parce que je suis la fille de mon père et qu'ils l'ont vu distribuer le courrier avant moi. Mais aussi pour ce que je suis et pour la façon dont je fais mon travail. Je reconnais que je suis pas mal chouchoutée. Ici, le facteur est respecté mais avant tout apprécié : on l'embrasse et on le tutoie aussi. Comme je fais une tournée en centre-ville, si je m'écoutais, je m'arrêterais bien chez tous mes clients commerçants et je n'aurais jamais fini. Au début, c'est une tentation à laquelle il est nécessaire de résister. Puis, on prend l'habitude. Cela dit, je ne refuse pas un petit café de temps en temps. C'est impossible de dire non tout le temps, mes clients finiraient par me haïr, un comble !

Je croise beaucoup de mes clients qui m'attendent devant leur portail, si bien que je leur donne parfois le courrier en main propre. C'est un service "à la carte". C'est le cas pour deux petites mamies qui ont du mal à marcher. Je me rends chez elle pour leur apporter leurs lettres recommandées. Si elles ne sont pas là, c'est qu'il y a une bonne raison, comme une visite chez le médecin. Dans ce cas, je ne laisse pas d'avis de passage pour leur éviter de se déplacer au bureau de Poste. Si je peux, je repasse chez elles en rentrant de ma tournée. Et si elles ne sont toujours pas là, je reviens le lendemain mais je finis toujours par les trouver.

À force d'insister ainsi, j'ai vécu une drôle d'histoire. Je devais remettre un pli à un client dont je ne trouvais pas la boîte. En passant devant une porte vitrée, je l'ai découvert tout nu. Heureusement, il ne s'est pas offusqué. Cela m'a appris qu'il ne fallait pas faire d'excès de zèle.

Quant aux commerçants à qui je remets des factures, ils me lancent de dépit un ironique "Chi laziu" (quelle envie) en laissant tomber leur courrier. Même le meilleur facteur ne pourra éviter cela !

”

NCE

VIRGINIE CASTELLANI
CENTRE COURRIER DE BASTIA
AVENUE DU MARECHAL SEBASTIANI
20403 BASTIA CEDEX

SAMATAN /
(GERS)

Un client s'était coupé le tendon d'Achille. J'étais sur place, je suis intervenu en attendant les secours.

Jean-Louis Danezan
53 ans, facteur depuis 33 ans

JEAN LOUIS DANEZAN
CENTRE COURRIER DE SAMATAN
8 BOULEVARD DE CASTRES
32130 SAMATAN

Courrier et premiers soins

Quand il ne travaille pas, Jean-Louis Danezan reçoit son courrier à Castelnau-Barbarens, joli petit village égaré dans les collines du Gers. C'est sa collègue Josiane qui le lui apporte. Et il trouve tout à fait naturel de lui proposer un petit café. Lorsque Josiane reçoit son courrier dans son joli petit village de Polastron, c'est Jean-Louis qui le lui apporte. Et à son tour il a droit à un petit café. À La Poste, ça s'appelle un échange de bons procédés. Et ce qu'il y a de bien dans ce merveilleux pays de cocagne, cette terre aussi grasse que les oies et les canards qui la foulent, c'est que cette hospitalité est érigée en règle de vie. Autant dire qu'il faut avoir un solide appétit et une bonne constitution pour vivre ici. Pas de problème pour Jean-Louis, un grand gaillard né dans la région qui a passé ses jeunes années à servir comme pilier dans un club de rugby local. Lorsqu'il suit sa femme à Paris en 1973, il devient facteur auxiliaire et passe le concours trois ans plus tard. Il arpente les beaux quartiers de la capitale quelques années et finit par demander sa mutation en 1980. Ce n'est pas qu'il s'ennuyait à Paris mais il est difficile de s'éloigner du Gers quand on y a grandi. Il pratique sa tournée depuis vingt-six ans à Samatan, la capitale du foie gras avec son célèbre marché. Ses clients sont des amis. À moins que ce ne soit le contraire. Quand il passe chez eux, il leur donne bien leur courrier. Mais il fait tellement plus ! Secouriste, Jean-Louis Danezan veille activement sur ses concitoyens, et donne des cours du soir aux sapeurs-pompiers. Il assure également la surveillance dans les foires et les événements sportifs, dans le cadre de la protection civile.

« Un client s'était coupé le tendon d'Achille. J'étais sur place, je suis intervenu en attendant les secours.

Quand le médecin est arrivé, il m'a donné des gants pour l'aider. Je m'implique depuis longtemps dans le secourisme. J'ai passé de nombreux brevets et certificats. Je suis même qualifié pour intervenir comme soutien psychologique et je peux utiliser un défibrillateur en cas de malaise cardiaque. Au bureau de Poste, j'ai eu l'occasion de ranimer un collègue en crise d'hypoglycémie. C'était un petit jeune qui n'avalait rien avant de commencer sa journée. Depuis, il fait attention à ce qu'il mange. J'ai aussi assisté une cliente qui avait fait un malaise. Sur ma tournée, tout le monde sait que je peux intervenir en cas de problème. Cela rassure les gens.

Quand j'ai commencé à Samatan, je n'y connaissais pas grand monde. Pendant l'hiver, je passais tous les midis chez le même client à l'heure du repas. Une fois il m'a proposé de rester déjeuner. Il faut dire qu'il cuisinait très bien. Une autre fois, comme j'avais les pieds trempés par la pluie, ce client m'avait fait retirer mes chaussures pour les mettre à sécher près du feu et m'avait prêté des chaussons. Il s'est installé un rituel entre nous : le samedi, j'allais acheter la viande qu'il nous cuisinait le lundi et je lui apportais le vin qu'on faisait à la propriété. Ces petites habitudes ne m'empêchaient pas de faire mon travail et ça le rendait d'ailleurs meilleur. Aujourd'hui encore il arrive que certains clients me proposent de m'arrêter pour casser la croûte. Cela prouve à quel point La Poste peut être populaire. Un jour, j'ai même porté un colis avec une oreille de cochon à un éleveur. C'était son employé, celui qui tuait le cochon, qui lui avait fait une blague en envoyant une partie de l'animal par La Poste. Il a fait une drôle de tête mais a fini par sourire. En fin d'année, quand je distribue les calendriers, une petite mamie m'offre toujours du foie gras. De mon côté, je lui fais ses courses et je l'aide à rentrer son bois pour l'hiver.

Je sais que je fais partie de toutes les familles. Un client m'a convié à la communion d'un de ses enfants, je suis invité aux réceptions des uns et des autres. Une telle confiance, ça rend fier. Et c'est le plus beau cadeau qu'un facteur puisse recevoir. »

ANCE

CENTRE COURRIER DE SAMATAN
8 BOULEVARD DE CASTRES
32130 SAMATAN

CTEURS EN FRANCE

MIGENNES /
(YONNE)

*J'adore être dehors.
La pluie, le vent, le froid,
je m'en fiche. Facteur,
je ne sais faire que ça.*

Jocelyne Frizot
42 ans, factrice depuis 22 ans

FACTE

JOCELYNE FRIZOT
CENTRE COURRIER DE MIGENNE
1 RUE PIERRE ET MARIE CURIE
89400 MIGENNES

Le retour de Jo la battante

Victime d'un grave accident, elle n'aurait jamais dû remonter sur un vélo. À force de courage et d'opiniâtreté, elle a pourtant repris du service il y a un an et enchaîne désormais les tournées comme aux plus beaux jours. Contrairement aux apparences, Jocelyne Frizot n'est pas Jeannie Longo. Ni cycliste professionnelle ni athlète de haut niveau, « Jo » – son diminutif obligé pour qui la connaît depuis plus de 5 minutes – est factrice, tout simplement. Quand, en novembre 2002, un accident vasculaire cérébral l'oblige à mettre pied à terre, elle se rend vite compte qu'elle ne pourra pas le supporter. Elle décide de se battre pour retrouver son vélo, sa tournée et ses clients. Il lui faudra près de trois longues années pour y parvenir, soutenue par sa directrice de centre et par les assistantes sociales qui la suivront tout au long de sa convalescence. Aujourd'hui, elle goûte le bonheur simple de faire son travail. Elle a arrêté de fumer, boit un « p'tit lait » en lieu et place du « p'tit noir » quand elle va au café avec ses collègues, et se ménage un peu plus que par le passé. Depuis quelques mois, elle roule sur un nouveau vélo de La Poste, équipé d'une assistance électrique. Un engin qui lui épargne des efforts pour démarrer à pleine charge ou gravir les côtes. Ses clients, qui connaissent son histoire, lui témoignent souvent leur solidarité. « Sûr qu'on veut la garder, notre factrice !, s'exclame un cheminot retraité à son passage. On est prêt à se battre pour ça. » Elle, si prolixe habituellement, ne dit rien.

« J'adore être dehors. La pluie, le vent, le froid, je m'en fiche. Facteur, je ne sais faire que ça.

Ou je n'aime faire que ça, je ne sais pas. J'aime les rapports humains, aller à la rencontre des gens. Pourtant, on ne peut pas dire que c'était une vocation. J'ai passé le concours juste parce que je venais de louper le bac, en 1983. Mais après, quelle découverte ! Enfermer les facteurs, c'est une punition. Après mon accident et mon opération, j'ai recommencé en mi-temps thérapeutique au bureau de Poste en mars 2005. C'était le purgatoire ! Je tenais parce que j'avais l'espoir de reprendre mon boulot, de retrouver mes clients, les fous rires du matin avec les collègues. J'ai reçu le coup de grâce quand j'ai reçu la lettre me déclarant inapte à la distribution.

Je ne me suis pas laissée faire. Je me suis astreinte à des séances de kiné pour retrouver tous mes moyens. En particulier côté gauche, où j'ai été comme paralysée lors de mon accident. C'était dur, mais j'ai fini par me remettre et j'ai obtenu gain de cause. Bien sûr, j'ai encore quelques séquelles. Je le ressens surtout lors du tri pour préparer ma tournée où on reste debout. Et le soir, en rentrant chez moi, je mentirais en disant que je ne suis pas fatiguée. Peu importe, après avoir cru mourir, je savoure chaque instant de ma nouvelle vie. La seule chose bizarre, c'est qu'avant je chantonnais tout le temps – mes clients m'avaient même surnommée La Callas. Mais depuis mon accident, c'est fini. Comme si ça m'avait coupé le sifflet de voir la grande faucheuse de si près.

Évidemment, j'ai perdu ma tournée dans l'aventure. Ils ne pouvaient pas me la garder sous le coude pendant presque trois ans d'absence. Je l'assurais depuis mon arrivée à Migennes, il y a dix ans. Autant dire que je commençais à bien connaître mes clients, avec lesquels j'avais vraiment de superbes relations. D'après mon remplaçant, plusieurs d'entre eux me réclament encore aujourd'hui. Quand je distribue le courrier aux commerçants du centre commercial, sur ma nouvelle tournée, j'en croise certains en train de faire leurs courses. Ils s'arrêtent toujours pour me saluer, s'enquièrent de ma santé et me demandent parfois si je vais revenir. Ça fait chaud au cœur ! C'est sans doute parce que je me suis toujours efforcée de faire mon travail correctement, en étant vraiment au service des gens. Je n'ai jamais ménagé ma peine. À Autun, où j'ai passé dix ans, il m'est arrivé de passer mon après-midi à faire des courses pour mes clients : des pots de peinture, un soutien-gorge, une bouteille de gaz, des provisions... Je n'ai pas encore retrouvé de tels rapports sur ma tournée actuelle ici à Migennes. Même si une cliente âgée me demande régulièrement de lui ramener de l'argent, ou d'autres m'achètent des timbres. Mais petit à petit, l'oiseau fait son nid. Allez savoir, je vais peut-être me remettre à chanter, à force... »

INCE

CENTRE COURRIER DE MIGENNES
1 RUE PIERRE ET MARIE CURIE
89400 MIGENNES

CTEURS EN FRANCE
ALBI /
(TARN)
LA POSTE

Je connais par cœur ma tournée, même les coins à champignons !

François Brissonnet
40 ans, facteur depuis 17 ans

FACTE

FRANCOIS BRISSONNET
CENTRE COURRIER D ALBI
1 RUE PABLO NERUDA
81013 ALBI CEDEX 9

Le nouvel Albigeois

Sa mobylette peine sur les routes escarpées qui mènent François Brissonnet vers les hauteurs d'Albi. Parfois, il faut la stimuler par quelques coups de pied lancés sur le macadam. Au faîte de la tournée, émergent d'un côté Albi, sa cathédrale et les méandres du Tarn, de l'autre, Carmaux, le pays de Jaurès. « Par beau temps, on voit les Pyrénées », affirme François Brissonnet. L'ancien boulanger est devenu facteur jusqu'au bout des doigts, même s'il continue à régaler sa famille avec ses viennoiseries maison.

Plus bas, dans les faubourgs d'Albi, il se rend chez Anna. La vieille dame habite depuis une quarantaine d'années une ferme traditionnelle, où la chambre à coucher est séparée de la cuisine par un rideau. Aujourd'hui, sa maison est encerclée par les résidences qui ont fleuri au cours des dernières décennies. À quatre-vingts ans bien sonnés, Anna continue à installer son étal sur le marché d'Albi pour y vendre ses poules et ses canards. Elle est intarissable sur tous les sujets du XXe ou du XXIe siècle, de la Première Guerre mondiale aux manifestations étudiantes de 2006. Elle fait preuve d'une mémoire étonnante, capable de se souvenir du temps qu'il faisait en août 1955. Et prend plaisir à retenir son facteur : « Ils vous regrettent là-bas », lance-t-elle évoquant les habitants d'un quartier que François ne dessert plus. « Moi, je vous garde ! » François écoute plus qu'il ne parle, gardant un sourire apaisant et une sincère sollicitude. Juste quelqu'un de bien, comme dit la chanson.

“Je connais par cœur ma tournée, même les coins à champignons !

C'est ce que Serge me demande. Il m'a même indiqué ses coins à cèpes. Ce n'est pas rien car la cueillette est une vraie religion à Albi. L'effervescence est terrible ici quand ils commencent à sortir : tout le monde part en chasse. Serge fait partie des clients que j'ai plaisir à retrouver tout au long de ma tournée. Il travaillait au service du train à la mine de Carmaux avant de prendre sa retraite. À soixante-dix-sept ans, il cultive un jardin potager de 800 m2. Il me donne des conseils et m'offre des plants de tomates qu'il fait pousser sous serre. Il faut le voir gambader à la recherche de champignons. J'irais bien aussi à la pêche avec lui, mais je n'ai pas le temps car je m'occupe des jeunes de l'équipe de football de l'ASPTT.

Tous les jours, j'entre chez Marguerite pour déposer La Dépêche du Midi. *Je sais qu'elle est contente de me voir. Ce n'était pas simple de trouver les mots pour la réconforter à la mort de son mari alors qu'elle se retrouvait seule à quatre-vingt-un ans. Je craignais d'utiliser des termes maladroits. Les premiers temps après le décès, elle avait tendance à se laisser aller. Je restais plus longtemps près d'elle et veillais à ce qu'elle s'alimente bien. Je prends un peu plus de temps lorsque je sens qu'elle n'a pas le moral. Je lui demande si elle a besoin de quelque chose, je lui lis quelques articles dans le journal, je remplis des papiers, bref je suis présent. Pas longtemps certes, mais je pense que c'est important pour elle. Elle a déjà invité toute ma famille à venir cueillir des cerises dans son jardin.*

Chez Marguerite ou bien chez Anna, je suis parfois obligé de couper court, sinon je rentrerais chez moi en fin d'après-midi. Mais sans ce contact, je ne serais pas intégré ainsi. Tous ces gens m'ont aidé à faire partie de la région alors que je ne suis pas du pays mais originaire de la Vienne. C'est normal, de mon côté, je suis présent, je les écoute et je leur rends des services comme à cette femme qui était autrefois sur ma tournée : Portugaise, elle ne savait pas lire le français et je lui expliquais d'où venait le courrier.

C'est sans doute en raison de cette proximité et de l'aspect humain de mon métier que je n'utilise jamais le mot client. Certes, je travaille pour une entreprise, mais mon travail ne se limite pas à un acte marchand. Le terme d'usager ne me plaît pas non plus. Il faudrait que j'invente un autre mot. ”

NCE
CENTRE COURRIER D ALBI
1 RUE PABLO NERUDA
81013 ALBI CEDEX 9

CTEURS EN FRANCE

SARLAT /
(DORDOGNE)

Tous mes clients me disaient : « Mais c'est vous qu'on a vue hier soir à la télévision. »

Lydie Derand
37 ans, factrice depuis 15 ans

FACTE

CENTRE COURRIER DE SARLAT
15 AVENUE EDMOND ROSTAND
24200 SARLAT

Tournée médiévale

Ici, les rebords de fenêtre, les pas de porte et même un abri pour compteur électrique peuvent faire office de boîte aux lettres. À Domme, en Dordogne, les architectes des Bâtiments de France veillent au grain. Mêmes les HLM, des petites maisons situées à l'extérieur du village, sont coiffées d'un toit périgourdin. Ici, la boîte aux lettres fait figure d'incongruité. Il est vrai que son modernisme surprend dans cette bastide du XIIIe siècle, qui surplombe la Dordogne, classée parmi les plus beaux villages de France.

Cinq kilomètres de condensé d'histoire médiévale que Lydie Derand parcourt à pied, sacoche à l'épaule, colis dans les bras. Le rythme soutenu qu'elle s'impose dans ces ruelles, parfois escarpées, ne l'empêche pas de s'émerveiller de la beauté des lieux. Une belle tournée, au sens propre comme au figuré !

Parmi les bâtisses les plus remarquables, la caserne des gendarmes. « C'est l'une des plus belles de France, assure le commandant. Et croyez-moi, j'en ai vu beaucoup. » Parmi les plus étonnantes, à l'extérieur des remparts avec vue imprenable sur Domme, se dresse une maison en forme de champignon, construite par un artiste peintre.

Tout le monde ne peut pas se flatter de distribuer le courrier dans la « Maison du batteur de la monnaie du roi Philippe Le Hardi ». Datant de 1282, c'est la plus ancienne du village. Elle est aujourd'hui habitée par un créateur de bijoux et sa femme, ravis de s'être éloignés de la Région parisienne.

Ses jolis yeux noisette cachés derrière des verres fumés, Lydie semble parfaitement à son aise dans cet univers, même si sa timidité affleure. Cela ne l'empêche nullement d'aborder ses clients pour prendre de leurs nouvelles. Et si elle n'est pas bavarde, sa qualité d'écoute n'en est que meilleure. Lydie est incollable sur les histoires de Domme, mais elle garde tout pour elle. Qu'on se le dise !

« Tous mes clients me disaient : « Mais c'est vous qu'on a vue hier soir à la télévision. »

C'était au mois de janvier, et France 2 venait de diffuser Ange de Feu, *un téléfilm de Philippe Setbon avec Frédéric Difenthal et Marie-Christine Barrault. C'est vrai que j'y ai joué. Oh, c'était un tout petit rôle et pas de composition, puisque la scène consistait à remettre le courrier à une femme. L'action se passait à Domme, et le metteur en scène vou-*

lait absolument avoir la "vraie" factrice de Domme pour tenir le rôle. Le tournage s'est déroulé en juin 2005, à l'hôtel L'Esplanade *qui surplombe la Dordogne. Moi qui ai facilement le trac, j'ai été gâtée. Mais c'était une belle expérience.*
Cela fait cinq ans que je travaille ici. Je pense avoir mis six mois à m'adapter. D'abord parce que les gens sont un peu méfiants. Ils n'accordent pas leur confiance du premier coup. Une fois qu'ils vous ont adopté, ils sont charmants. Je m'entends bien avec eux et je crois qu'ils m'aiment bien. Ensuite, parce que certaines rues n'avaient pas de nom, mais je suis certaine qu'un jour ça sera le cas. Cela m'a fait un choc car j'arrivais de la Région parisienne, Vanves – j'y ai rencontré mon mari également facteur – où je distribuais essentiellement dans des immeubles. Il a fallu que j'apprenne tous les noms de mes clients par cœur, dont un certain nombre aux consonances anglaises ou hollandaises. Nous avons également des Belges, un Irlandais, un Danois et même un Finlandais. Ici, c'est un peu l'Europe en miniature.
Il est vrai que ces difficultés initiales étaient largement compensées par le cadre. C'est magnifique, tellement magnifique, c'est tellement... il n'existe pas de mot. On ne peut se lasser devant tant de beauté. Chaque jour, quand je parcours ces rues ou quand j'aperçois la Dordogne, j'en reste émerveillée. Cela aide les jours où le moral est en baisse. C'est l'automne que je préfère car les couleurs changent chaque jour. Et puis, à cette saison, la foule diminue. L'été, la ville grouille de touristes. J'ai parfois du mal à me garer et à circuler à pied, avec tout ce monde qui déambule dans les ruelles, entre les magasins de souvenirs, les boutiques de foie gras, les artisans, les bijoutiers... La boîte aux lettres que je relève déborde tous les jours, alors que c'est une bonne journée en hiver quand on récolte une dizaine de plis. Comme à Domme il existe de nombreuses résidences secondaires (environ deux cents maisons), la tournée s'allonge d'environ une heure aux beaux jours, ou pendant les vacances. D'autant que je ne sais pas dire non lorsqu'on me propose un café ou un verre d'eau.

"

CE

LYDIE DERAND
CENTRE COURRIER DE SARLAT
15 AVENUE EDMOND ROSTAND
24200 SARLAT

57 FACTEURS EN FRANCE

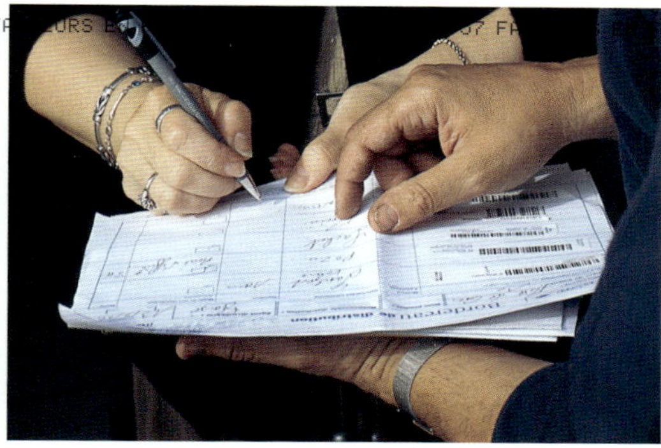

CTEURS EN FRANCE

MEE SUR SEINE /
(SEINE ET MARNE)

Je fais un peu le garçon de courses, le psy, la dame de compagnie... Facteur, ça mène à tout.

Emmanuel Berto

51 ans, facteur depuis 32 ans

FACTE

CENTRE COURRIER DE MEE SUR SE
AVENUE DE LA LIBERATION
77350 MEE SUR SEINE

Zéro réclamation

On a oublié le pain ! Demi-tour de la fourgonnette et crochet par la boulangerie. Le pain, c'est pour une cliente de Boissise-la-Bertrand, neuf cents habitants, Seine-et-Marne. « Il y a bien longtemps qu'il n'y a plus de commerce au village, alors il faut bien aider, surtout les personnes âgées. » Facteur au bureau de Mée-sur-Seine, Emmanuel Berto distribue le courrier à Boissise depuis... vingt-trois ans. Le courrier, et le reste. Dans la boîte à gants de la camionnette jaune, il tient son « carnet de commissions », un accessoire indispensable pour noter les commandes : médicaments, bouteilles de gaz, baguettes, imprimés administratifs et carnets de timbres. Pendant les vacances de ses clients, il lui arrive même de tondre une pelouse ou de nourrir les chats après sa tournée.

Emmanuel est du genre chaleureux. Il dit juste « j'aime bien les gens », et ça se voit. Sur sa tournée, on ne fait pas deux pas sans être accosté par Mauricette, Mado, Simone... On se fait la bise, on s'échange des nouvelles, on plaisante... Les voitures klaxonnent pour saluer. « Manu ? Ce n'est pas un facteur, c'est un ami », lance un passant. Madame le maire de Boissise pense la même chose : « Avec sa bonne humeur et son énergie inépuisable au service des autres, c'est le personnage le plus populaire du village. Et sans doute le plus indispensable. »

“Je fais un peu le garçon de course, le psy, la dame de compagnie... Facteur, ça mène à tout.

À dix-huit ans, j'étais comptable. Mais être enfermé toute la journée sous les néons, ce n'était pas mon fort. Alors j'ai profité de l'armée pour passer le concours de facteur, en 1974. Après un détour par Paris XIII puis Bray-sur-Seine, je suis arrivé sur cette tournée en 1982. En plus de vingt ans, on peut dire que je me suis intégré : je connais tout le monde, je fais les mariages, les enterrements... tout.

Il y a des gens qui ne voient personne d'autre de la journée, voire de la semaine. Alors, on taille parfois une bavette pendant 15-20 mi-

nutes... Je connais leur vie dans les moindres détails. La dame me raconte une chose et son mari une autre. Faut savoir tenir sa langue. Certaines mamies, je passe les voir tous les jours, même sans courrier. Une fois, j'ai entendu des gémissements derrière une clôture. C'était une vieille dame qui était tombée en taillant ses rosiers. Elle était là depuis des heures, incapable de bouger... Après, j'étais devenu "son sauveur".

Quand mes clients ne sont pas là, ils m'indiquent souvent des cachettes où ils laissent leurs clés car je n'ai pas le droit de les avoir sur moi. Les gens me demandent de rentrer chez eux poser un colis sur la table plutôt que de mettre un avis de passage dans la boîte. L'idée, c'est d'"aviser" le moins possible : j'en suis à 8 % pour les recommandés et 0 % pour les colis. L'an dernier, j'ai même eu zéro réclamation. C'est rare. D'habitude, il y a toujours un grincheux pour se plaindre, mais là, non. Toute cette confiance, ça fait plaisir. Et même, c'est ma fierté.

Quand un bout de chiffon flotte sur une boîte aux lettres, c'est le signal pour du courrier à poster, une commande à passer, un service à demander... ou encore un nouveau trésor pour mes collections. Je suis intéressé par un tas de trucs : j'ai plus d'un million de timbres, près de 50 000 cartes postales anciennes, 50 000 enveloppes récentes, trois à quatre mille lettres du XIX*e siècle et puis le reste : papiers d'orange, capsules, cartes de visite de restaurants, cartes publicitaires, sucres emballés, bouteilles vides... Ce sont des collections qui ne me coûtent pas cher, des dizaines de rabatteurs chinent pour moi. Chaque jour, je repars les poches pleines. Du coup, en fin d'année, il me faut deux mois pour faire la tournée des calendriers. On m'offre le champagne, des petits gâteaux, c'est la fête.*

Une fois, un cadre m'a suivi sur la tournée, comme cela arrive souvent pour adapter les tournées. Le genre de gars qui note tout, chaque détail, chaque arrêt... Ce jour-là, je me suis tenu à carreau : je n'ai causé que sept minutes pendant la tournée. Incroyable ! Je ne sais pas comment j'ai fait... D'habitude, cela tire un peu en longueur. Et même au-delà. Parfois, je suis séquestré, je n'arrive plus à partir. On parle, on parle, on me retient à déjeuner... C'est vrai que ça fait rentrer tard ! Mais comment dire non...

"

FRANCE

EMMANUEL BERTO
CENTRE COURRIER DE MEE SUR SEINE
AVENUE DE LA LIBERATION
77350 MEE SUR SEINE

CTEURS EN FRANCE

MIRAMBEAU /
(CHARENTE MARITIME)

C'était ma destinée de faire ce métier, il faut que je bouge, j'aime trop être dehors !

Martine Ithier
48 ans, factrice depuis 26 ans

FACTE

MARTINE ITHIER
CENTRE COURRIER DE MIRAMB
17 AVENUE DE LA REPUBLIQUE
17150 MIRAMBEAU

Une tournée de cognac

Il ne faut pas le dire trop fort mais une Gasconne comme Martine Ithier a du mal à renier l'armagnac. Pourtant, c'est bel et bien au cœur du pays du cognac que cette native d'Eauze, dans le Gers, porte le courrier, chaque jour depuis maintenant onze ans. Elle assure la belle tournée vallonnée de Saint-Bonnet-sur-Gironde qui traverse les vignes à perte de vue puis les marais qui longent l'estuaire. Entrée à La Poste sur concours en 1980, Martine Ithier débute à Paris où elle rencontre son mari, postier également. Elle décide de le suivre dans son pays d'origine, le Cognaçais. Remplaçante à Saint-Genis-de-Saintonge en 1987, elle entame à partir de mars 1995 la tournée qu'elle assure encore aujourd'hui. Un parcours long de 75 kilomètres qui s'achève à Vitrezay, aux confins de la Charente-Maritime, là où la terre et la mer ne font qu'un. Sur son chemin, ses clients producteurs ne manquent pas de lui proposer quelques gouttes de leurs dives bouteilles. Propositions que Martine s'empresse amicalement de refuser car elle ne transige pas avec les principes : depuis qu'elle travaille à La Poste, la tournée, c'est son affaire !

« C'était ma destinée de faire ce métier, il faut que je bouge, j'aime trop être dehors !

Mon père était boulanger et je l'aidais à faire la tournée en camionnette. Je ne me voyais pas rester dans un bureau. Ici, on a tout ce que peut offrir la nature. Saint-Bonnet est au centre de ma tournée. La région possède sans doute autant d'églises que d'exploitations agricoles mais vit grâce à ces dernières. C'est donc normal de les aider et d'essayer de leur faciliter le travail. Je les dessers tout de suite après le docteur, qui attend le résultat des analyses de ses patients, et la mairie. Ici, la religion et l'agriculture sont des éléments fondateurs si bien que certaines coopératives agricoles ressemblent à des cathédrales. Bien sûr, les producteurs de pineau et de cognac aimeraient bien que je goûte leur production. Comme je refuse systématiquement, ils finissent par m'offrir une bouteille que je garde

chez moi. Le matin, je préfère boire un café au Bar de France *en déposant le courrier.*
Je passe chaque jour chez une petite grand-mère, même si je n'ai pas de courrier pour elle, simplement pour m'assurer de sa santé. Une autre m'envoie une carte postale à chaque fois qu'elle part en vacances. En échange, je jette un coup d'œil à sa maison pour vérifier que tout est normal. J'aide aussi une dame à remplir son livret d'épargne de La Poste tous les mardis. Comme elle ne se déplace pas, je lui apporte son argent le lendemain. Quelques clients ont leurs petites habitudes. Certains veulent que je klaxonne en arrivant chez eux pour venir prendre le courrier à la voiture. D'autres laissent un petit chiffon sur leur boîte pour me faire signe de prendre le courrier qui y est déposé. En repartant, un petit garçon me lance un "au revoir madame La Poste" ! Une particularité locale veut qu'un hameau abrite cinq familles possédant toutes le même nom. Cela tourne au casse-tête de distribuer le courrier et parfois je suis obligée de renvoyer la lettre à l'expéditeur qui n'a pas précisé le prénom. Hors de question de distribuer une lettre si je ne suis pas sûre du destinataire. Précision et rigueur sont indispensables pour faire facteur.
Je finis ma tournée par les marais, aux frontières de la Gironde. Je roule une bonne vingtaine de kilomètres pour atteindre les quelques maisons isolées qui s'y trouvent, parfois juste pour livrer une seule lettre. Un jour que je venais pour apporter un unique courrier, une de mes clientes m'a lancé "heureusement qu'on ne paie pas le déplacement !" Elle venait de résumer notre métier.
Mais ici, le jeu en vaut toujours la chandelle et la nature vous le rend bien. Un de mes clients pépiniéristes m'offre chaque année mon petit sapin à Noël. Et puis, le long des canaux il n'est pas rare de croiser des hérons et d'autres oiseaux rares de la réserve du pôle nature de Vitrezay. Souvent, quand je passe par là, je n'ai pas l'impression de travailler. Je regarde partout. J'en profite ! ”

CENTRE COURRIER DE MIRAMBEAU
17 AVENUE DE LA REPUBLIQUE
17150 MIRAMBEAU

CTEURS EN FRANCE
TARASCON /
(ARIEGE)

Je dois même livrer le beau temps maintenant !

Bernard Dulac
46 ans, facteur depuis 26 ans

FACTE

BERNARD DULAC
CENTRE COURRIER DE TARASCO
22 AVENUE VICTOR PILHES
BP 55
09400 TARASCON SUR ARIEGE

Livreur de reine

On pourrait facilement répartir les habitants de Vicdessos en deux catégories : ceux qui ont vu l'ours et ceux qui ont vu des morilles. Les premiers en parlent sans l'avoir vu et les seconds en voient sans en parler. Bernard Dulac fait indubitablement partie de ces derniers. Quant au plantigrade, même si personne ne l'a vu, chacun sait qu'il est là et bien là. Une des clientes de Bernard s'en souvient encore, elle dont les ruches ont été saccagées par cet amateur de miel. Autant dire que l'animal, Boutxi pour les intimes, n'a pas bonne presse dans ce village reculé des vallées ariégeoises et que l'arrivée de nouveaux spécimens anime bien des débats. Dommage que les ours ne soient pas clients de La Poste car Bernard Dulac serait bien capable de s'en faire des amis et de mettre ainsi tout le monde d'accord. Sa tournée réconcilie les plus acariâtres. « Ça me fait mal quand il part en vacances », avoue une cliente. « Je vais faire signer une pétition pour l'empêcher de partir à la retraite », lance une autre. L'enfant du pays, aujourd'hui conseiller municipal, s'est échappé uniquement quatre ans à Paris, juste après le concours obtenu en 1980. Entre les deux mille postiers de la recette principale du Louvre et le quatuor du petit bureau de Vicdessos, le contraste a été saisissant.

« Je dois même livrer le beau temps maintenant !

Malgré l'ensoleillement exceptionnel, un de mes clients se plaignait récemment qu'il n'y en avait pas assez. Bon, il arrive le soleil, je lui réponds. Je suis sans doute l'un des rares facteurs à avoir livré une reine. Il s'agissait d'une abeille, une pondeuse destinée à un apiculteur. Protégée dans une petite boîte aérée, elle est arrivée bien vivante et à bon port. L'histoire ne dit pas si sa descendance a été nombreuse.

Ma tournée se fait en altitude jusqu'à mille deux cents mètres. Je dessers plusieurs hameaux sur tous les versants de la montagne. Il faut à chaque fois redescendre dans la vallée pour remonter ensuite. À la fin de la journée, j'atteins un sacré dénivelé. Au prix du timbre, la livraison est donnée ! Si on devait payer le tarif exact de l'acheminement d'une lettre, ce serait hors de prix. Mes clients en sont conscients. Ils tentent aussi de me retenir par tous les moyens pour me prouver leur affection. Un café par ci, un gâteau par là et parfois c'est l'omelette aux morilles quand j'arrive à l'heure du déjeuner. À Illier, un petit village d'une vingtaine d'âmes perché à mille mètres, je donne le courrier à Yvette qui en est le maire. Au printemps, quand son mari revient de la cueillette et qu'elle se met en cuisine, c'est difficile de résister.

Je livre 150 foyers dans un rayon de 80 kilomètres. Les déplacements sont longs, ils s'allongent en hiver à cause de la neige, et en été à cause des touristes. Je suis souvent obligé de rouler au pas pour éviter un ravin ou un promeneur. J'y suis habitué et rodé mais un jeune facteur remplaçant a déjà refusé la tournée car il n'était pas rassuré. En 2005, l'hiver a été terrible en raison de la neige et du verglas et j'étais la seule personne à accéder aux villages d'altitude. Les clients sont heureux de me voir même si certains me conseillent de ne pas monter jusqu'à eux à cause du risque. Heureusement, nos voitures sont bien équipées et permettent de circuler par presque tous les temps. Pourtant, je me suis retrouvé une fois dans le fossé en livrant un couple de clients, des Allemands. Le mari est venu m'aider à pousser la voiture et, en accélérant, la neige projetée par les pneus l'a transformé en bonhomme de neige.

J'aimerais bien apporter uniquement des bonnes nouvelles. Quand l'usine Péchiney d'Auzat a fermé en 2005, j'ai dû remettre des lettres de licenciement à mes clients, qui sont autant d'amis. C'est l'une des rares fois où je n'ai pas su quoi dire. Une chance que le tourisme relance la région et de nouveaux clients s'installent, français comme étrangers. Et puis on a une gloire locale : l'ancien patron du Moulin Rouge qui a pris sa retraite ici. Avec le Montcalm, toit de l'Ariège qui culmine à 3 080 mètres, ça fait au moins deux bonnes raisons de venir ici ! »

NCE

CENTRE COURRIER DE TARASCON
22 AVENUE VICTOR PILHES
BP 55
09400 TARASCON SUR ARIEGE

CTEURS EN FRANCE
ALENCON /
(ORNE)

À Alençon ou à la Goutte d'Or, il y a de gentilles personnes partout.

Viviane Ralu
36 ans, factrice depuis 16 ans

FACTE

VIVIANE RALU
CENTRE COURRIER D ALENCON
RUE FRANCOIS ARAGO
BP 352
61014 ALENCON CEDEX

Fille du vent

Alençon est un pays de dentelles ; dentelles de coton des coiffes de l'ancien temps, dentelles de pierre des rosaces ecclésiales, dentelles de nuages cousues en plein ciel par l'aiguille du vent. Ici, il souffle de l'ouest. Tout droit venu d'Atlantique. Viviane le connaît bien ce musclé océanique. Chaque jour sur son nouveau vélo, elle parcourt près de 20 kilomètres. Souvent, sur les longs boulevards, le bras de fer s'engage avec la jeune femme. Il s'agrippe à la sacoche, déjà lourde des lettres et des journaux à distribuer. Il faut alors se mettre en danseuse, serrer les dents et se dépêcher de gagner une rue à l'abri de la rafale.

Voilà sept ans que Viviane fait cette même tournée, dans les petits quartiers d'Alençon. Beaucoup de maisons, quelques petits ensembles sages bordés de pelouses bien tondues et de cerisiers roses du Japon. Tonique, elle dévale les pentes, relance la bécane en montée, vire souplement, cheveux noués en queue-de-cheval. Sans le moindre essoufflement, elle engage la conversation avec les clients. Puis, elle enfourche de nouveau son vélo, pour achever une matinée qui la mène aux franges campagnardes de la ville. Maisons campées devant les champs où paissent agneaux et brebis, poulains et juments. Viviane adore cette vie de liberté, ouverte aux autres, ouverte aux saisons. Sensible et poète, elle évoque le parfum sucré des fleurs de glycine, celui acidulé du seringa. Viviane sait bien qu'un jour le vent aura raison de ses forces et qu'il faudra renoncer au grand air. Mais le vent peut attendre, Viviane aussi a du souffle…

« À Alençon ou à la Goutte d'Or, il y a de gentilles personnes partout

et nous avons une fenêtre ouverte sur leur vie. Je suis revenue dans ma province ornaise après avoir travaillé deux ans à Paris dans le 18e arrondissement. Ici, c'est un monde paisible. J'aime mes clients pour ça, pour cette douce gentillesse. J'apprécie le temps de la discussion, celui de l'écoute. En Normandie, les gens sont peut-être plus fermés que dans d'autres régions. Mais une fois en confiance les relations sont solides. On parle de tout, du jardinage, bien sûr, ici tout le monde a un jardin ou un balcon. On parle de la vie qui passe, de la nouvelle voiture qu'untel a achetée. Le contraste est grand avec Paris, avec la Goutte d'Or où la population est largement issue de l'immigration. Dans ce quartier qui n'est pas réputé facile, je peux vous assurer que jamais je n'ai rencontré le moindre problème. Si les gens ont parfois une crainte de l'uniforme, celui de facteur passe au contraire très bien auprès d'eux. Je garde un excellent souvenir des contacts que j'ai pu entretenir avec les habitants. C'était ma première tournée après avoir réussi le concours. Je n'étais pas partie dans cette direction. Si vous demandez à une petite fille ce qu'elle veut faire plus tard, il est rare qu'elle vous réponde factrice. Je ne faisais pas exception à la règle. Après le bac, j'ai fait une fac de biologie. Je ne me sentais pas à ma place, j'ai tout arrêté. Quand on cherche un emploi, la seule formation générale ne sert pas beaucoup. Mon frère travaille à La Poste et il m'a encouragée à passer le concours de facteur.

De retour chez moi, après cette période parisienne, j'ai tout d'abord été roulante, et puis on m'a confié cette tournée à vélo. Les débuts ont été très durs : le soir, j'avais du mal à monter l'escalier tellement j'avais les jambes courbaturées. On se cogne car on ne sait pas bien manœuvrer, on se retrouve avec des bleus partout... Vraiment pas simple. Je me suis accrochée. Et aujourd'hui, c'est un vrai plaisir. Quand il fait beau, la caresse de l'air sur le visage est délicieuse. Sur le vélo, une vraie joie qui vous saisit quand vous avez la sensation de fendre le vent, quand vous sentez cette liberté. C'est parfois enivrant et j'ai le sentiment d'être une privilégiée. L'hiver, évidemment, c'est autre chose. Le froid, l'humidité et le verglas sur lequel il m'est arrivé de déraper. Ma chute la plus spectaculaire, c'était un 14 février, un jour de Saint-Valentin. À un rond point, je me suis abîmé la hanche et le visage, ma bouche était bien enflée. Depuis j'ai essuyé les pluies verglaçantes de fin d'année et ce fut digne des "Jeux d'Intervilles". Vélo et factrice recouverts de glace des sacoches à la casquette!

Mais ce n'est rien, j'aime énormément mon métier. D'ailleurs, il faut le dire aux petites filles, n'hésitez pas, factrice c'est un beau métier !

”

NCE

VIVIANE RALU
CENTRE COURRIER D ALENCON
RUE FRANCOIS ARAGO
BP 352
61014 ALENCON CEDEX

COULAINES /
(SARTHE)

Pour fêter l'an 2000, j'ai distribué des roses à mes clientes lors de la première tournée.

Pascal Guibout
44 ans, facteur depuis 25 ans

PASCAL GUIBOUT
CENTRE COURRIER DE COULAIN
PLACE D ARCACHON
72190 COULAINES

Dites-le avec des fleurs

Rien ne prédisposait Pascal Guibout à côtoyer les boîtes aux lettres. Au contraire. Petit garçon, suite à un geste maladroit, il se blesse sérieusement à la main en retirant le courrier de la boîte de ses parents. Le temps aidant, le traumatisme d'enfance s'éloigne. Sans rancune, Pascal endosse la tenue jaune et bleue de La Poste à l'occasion d'un job d'été effectué après le BEP. À l'époque, il rêve de s'acheter une « bécane ». Il prolonge son contrat et, de fil en aiguille, voyant qu'il s'y plaît, on lui propose de tenter le concours. Il réussit et commence comme remplaçant à Courbevoie en 1981 avant de revenir, en 1984, à Coulaines, dans la banlieue du Mans, sa ville de naissance. Deux ans plus tard, il choisit la tournée de Sargé-lès-Le-Mans qu'il ne quittera plus. Influence du Mans oblige, Pascal voue une passion à la voiture et au rallye, en particulier le Paris-Dakar. Vice-président de l'association Le Mans Mini Voiture et co-créateur de l'association Rallye Raid 43, il fabrique des répliques modèle réduit de ses voitures fétiches. Il projette aussi des diaporamas de l'épreuve. Depuis 1988, à l'occasion des vérifications techniques il prend en photo l'ensemble des véhicules pour les besoins des archives. Pendant les Vingt Quatre Heures du Mans, il accueille chez lui jusqu'à une trentaine de personnes de différentes nationalités, toutes passionnées de sport automobile. Ce père de trois enfants trouve également le temps de se consacrer aux affaires publiques puisqu'il occupe le poste d'adjoint au maire de Coulaines, chargé de l'animation et de la jeunesse.

“Pour fêter l'an 2000, j'ai distribué des roses à mes clientes lors de la première tournée de l'année. J'avais revêtu le costume cravate pour l'occasion. Ce sont des moments importants et il faut tout faire pour ne pas les manquer. Parfois, je m'habille en Père Noël lors des fêtes de fin d'année et je décore ma voiture en paquet cadeau. Ces petites idées rendent la tournée plus festive et amusent mes clients.

Du coup, j'ai eu droit à ma photo dans le journal local. En fait, tout a commencé quand j'étais sur une tournée en deux-roues et que j'ai eu l'idée de coller une couronne de galette des Rois sur mon casque. Les clients ont apprécié et j'ai eu envie de continuer. À mardi gras, lors d'un carnaval, je me suis habillé en clown. La vie est trop courte pour que l'on gâche une occasion de s'amuser un peu. Après tout, les clients aussi sont blagueurs ou étourdis. Par exemple, pour cause d'absence, j'ai dû garder un colis quelques jours au centre courrier. Avec la chaleur estivale, une drôle d'odeur a fini par se dégager. Nous avons été obligés d'ouvrir le colis : il cachait une tête de congre !

Il faut profiter de la vie au maximum, avec passion, et partager avec les autres. Je suis incapable de concevoir mon métier et mon existence autrement. Un jour, j'avais à distribuer une carte d'anniversaire de mariage à un couple assez âgé. J'ai été tellement touché par leur bonheur que je suis allé aussitôt leur acheter des fleurs. Le jour suivant, ils m'ont accueilli avec le champagne !

Travailler pour travailler n'est pas intéressant. Être facteur, c'est être au contact des gens. Si on oublie cela, ce n'est pas la peine de continuer. Je suis né ici et, depuis le temps que je m'occupe de cette tournée, je connais tout le monde. Avec beaucoup de mes clients se sont créés des liens forts. Des liens qui se sont parfois approfondis autour de ma passion de la voiture et du modélisme. Il s'agit de proximité et parfois d'intimité. C'est un peu la famille car j'ai grandi avec eux. En ce moment, comme je fais des travaux chez moi, un client me prête sa tronçonneuse et un autre sa perceuse. Je partage leurs peines comme leurs joies. C'est naturel de consacrer du temps aux autres et d'aider les plus défavorisés en remplissant leurs papiers administratifs ou en lisant leur courrier. Comme il m'est arrivé aussi d'écrire pour une vieille dame analphabète, comme l'aurait fait un "écrivain public". ”

PASCAL GUIBOUT
CENTRE COURRIER DE COULAINES
PLACE D ARCACHON
72190 COULAINES

CTEURS EN FRANCE

BAR LE DUC /
(MEUSE)

Les collègues sont partis à ma rencontre pour vérifier si tout allait bien.

Mélanie Roy
25 ans, factrice depuis 5 ans

FACTE

CENTRE COURRIER DE BAR LE
PLACE DE LA REPUBLIQUE
BP 533
55013 BAR LE DUC

L'attendue

Mélanie Roy est née au pays de la madeleine, à Commercy. Comme ces petits gâteaux dorés et dodus, Mélanie a une nature douce et généreuse. Elle prend la vie avec calme, comme elle vient. Depuis quelques mois, elle est attachée à une tournée, sur deux villages proches de Bar-le-Duc : Lisle-en-Rigault et Ville-sur-Saulx. Les maisons de ces petits bourgs de Lorraine sont rassemblées autour d'une grande rue principale. Longue enfilade de façades où se concentrent la vie, les petits événements du jour. Ici, on attend le facteur au pas de la porte. On le guette, on connaît ses heures de passage. Les commerces des deux communes se sont évaporés les uns après les autres. À Lisle-en-Rigault, il reste heureusement une boulangerie. Les jours de fermeture, c'est une promenade et un moment de conversation qui s'échappent, surtout pour les anciens. La visite du facteur devient alors la seule animation. Campés sur le seuil, ils attendent. À chacun d'eux, Mélanie réserve quelques minutes. Son sens de l'écoute et l'affection sincère qu'elle affiche ont vite conquis les habitants. Si ce n'était la tenue, on pourrait croire Mélanie en visite chez ses grands-parents. Née dans un village, elle sait combien ces instants sont précieux, combien ces petits bavardages sont un ciment puissant…

“ Les collègues sont partis à ma rencontre pour vérifier si tout allait bien.

Ils étaient inquiets de ne pas me voir revenir car c'était ma première tournée à vélo et je n'étais toujours pas rentrée vers 4 heures de l'après-midi alors qu'un facteur chevronné est de retour au centre courrier vers 13 heures ou 14 heures. Malgré ces débuts difficiles, j'étais emballée. En fait, j'avais commencé par un petit job d'été. J'étais au guichet et je faisais aussi le ménage. Un jour, un facteur était malade et l'on m'a demandé si ça m'intéressait de le remplacer. J'ai tout de suite accepté.

Le contact direct avec la clientèle, plus libre qu'au guichet, m'attirait. En 2000, j'ai passé le concours de facteur. Comme beaucoup, à ma nomination, j'ai découvert le métier à Paris. Depuis deux ans et demi, je suis revenue en Lorraine. Bar-le-Duc est à cinquante kilomètres de Troussey où habite ma famille. Au début, je faisais des remplacements : chaque semaine, j'enchaînais sur une tournée différente. Au total, j'ai dû mémoriser quinze parcours différents. Cela ne me dérange pas de changer, au contraire car on ne s'ennuie jamais, il y a toujours quelque chose à découvrir. En avril 2006, j'ai eu ma propre tournée. Pour la première fois, je suis fixée sur une clientèle. Je commence à nouer des relations, principalement avec les vieilles personnes. Elles ont du temps pour parler et j'aime bien m'arrêter, faire une petite pause pour les écouter. Elles me parlent de leur jeunesse, de leur vie dans le village. Il y en a une, Monette, une veuve qui vit à Lisle-en-Rigault depuis plus de soixante ans. Elle avait rencontré son mari sur la place du village et ils allaient souvent au bal. Ce sont des histoires de vie toute simples, mais qui me touchent. Je me suis toujours sentie proche des gens âgés, ils sont à la fois très fragiles et très sages mais aussi très spontanés. Après deux mois, ils m'ont déjà adoptée. Ça tombe bien, moi je suis très famille… Quand on connaît les gens, leur passé, comment ne pas chercher à rendre service. D'ailleurs, cette qualité de service, c'est avant tout une qualité de vie que l'on peut offrir à nos clients. Tout simplement. Et les facteurs de secteur en sont plus particulièrement chargés. C'est mon cas depuis septembre. Mon responsable m'avait proposé de passer le concours de facteur de secteur. Franchement, j'y suis allée sans y croire. Les places sont chères. J'ai été reçue. Comme les facteurs de secteur remplacent les autres collègues sur leur tournée, il me faut de nouveau tout réapprendre. ”

CE

CENTRE COURRIER DE BAR LE DUC
PLACE DE LA REPUBLIQUE
BP 533
55013 BAR LE DUC

78

CTEURS EN FRANCE

HEROUVILLE SAINT CLAIR /
(CALVADOS)

Être mère poule, avec tous mes clients, les jeunes comme les moins jeunes.

Laure Damecourt
37 ans, factrice depuis 16 ans

FACTE

LAURE DAMECOURT
CENTRE COURRIER D HEROUVIL
SAINT CLAIR
2 PASSAGE DE LA POSTE
14200 HEROUVILLE SAINT CLAIR

Mère poule

Un pied sur le frein, une main sur le volant, l'autre sur le clic de sa ceinture de sécurité, Laure Damecourt descend de sa voiture et « tricote ». Comprenez, change de trottoir à chaque nouvelle adresse, glisse courriers et colis dans les boîtes puis remonte au pas de course.

Laurette, comme l'appellent ses collègues mais aussi ses clients, est l'un des quatre facteurs de Blainville, une commune de 5 000 habitants au cœur du Calvados, à six kilomètres de Caen. « Rue du parc », « les Brandons » ou encore « les Solaires », sont les noms des quartiers qu'elle parcourt au quotidien, d'anciennes cités ouvrières pour la plupart. Entre résidences et HLM, outre la trentaine de kilomètres de sa tournée, Laurette s'aventure aussi sur d'autres secteurs où elle distribue les colis des collègues à vélo. Résultat : elle connaît la ville comme sa poche.

Démonstration en direct au centre courrier : « Blanchisseuse à Blainville » s'interroge à voix haute un collègue ? « Tournée 24 », réplique Laure la perfectionniste, sans la moindre hésitation.

Il y a deux choses auxquelles cette mère de famille de trente-sept ans n'arrive pas à s'habituer, c'est le départ d'un client… et le froid. Pour Laurette, c'est le mauvais côté du métier. Elle n'aurait d'ailleurs jamais imaginé passer son temps sur les routes. Adolescente, elle se destinait à la vente. Malgré son CAP, elle ne trouve pas de travail dans ce secteur mais prend goût à La Poste au guichet du bureau de Blainville. Un an plus tard, elle décroche un CDI. Une chance et une vraie thérapie pour cette grande timide qui a dû apprendre à aller vers les autres. Au moment des fêtes, elle a encore du mal à proposer un calendrier à ses clients. Ce sont eux qui le lui réclament en disant : « Mais Laurette, il faut oser ! »

« Être mère poule, avec tous mes clients, les jeunes comme les moins jeunes.

Je ne peux pas m'en empêcher. Quand je croise sur ma tournée un gamin sorti sans manteau, je m'arrête pour lui conseiller d'aller s'habiller plus chaudement. L'autre jour, j'ai fait la même chose avec un vieux monsieur qui se croyait en plein été ! Prendre le temps de regarder, avoir un mot gentil ou un geste, j'ai appris en faisant ce métier.

Mes clients sont souvent des retraités. Ils connaissent presque tous ma fille ! Une dame de la rue du Parc lui tricotait des robes quand elle était bébé. Aujourd'hui, comme elle a du mal à se déplacer, je lui achète ses médicaments.
Le côté mère poule, je l'ai aussi avec les animaux : je ne supporte pas de les voir souffrir. Une fois, j'ai recueilli sur la route un chien couvert de puces et de croûtes. Je l'ai amené chez une de mes clientes car j'avais remarqué que c'était un peu l'arche de Noé chez elle ! Je savais qu'elle en prendrait soin. Quand elle l'a vu dans cet état, elle n'a pas hésité une seule minute et l'a pris. Depuis, ce chien me fait la fête quand je le croise en voiture. Je crois bien avoir transmis le virus à ma fille, elle veut être vétérinaire !
Avant, je tournais dans la zone industrielle de Blainville et le métier était très différent. Je distribuais le courrier pour des entreprises avec des Chronopost et des recommandés à faire signer tous les jours. C'est une lourde responsabilité. Je voyais aussi davantage de monde à l'occasion de la remise de ces plis. Il m'arrivait de m'arrêter pour parler ou pour prendre un café avec les hôtesses de l'accueil. C'était le côté agréable de cette tournée. Un poids lourd m'a percutée de plein fouet sur cette zone il y a six ans. Résultat, des côtes cassées, deux mois d'arrêt et ma voiture en miettes. Heureusement que j'avais ma ceinture, elle m'a sauvée. Aujourd'hui, ma tournée a perdu en stress et a gagné en contacts humains. Je me sens plus proche de la vie des gens, de leurs besoins quotidiens.
Du coup, les collègues me taquinent parfois en me disant que j'ai de la chance d'avoir une tournée plus légère que la leur. Moi, je sais maintenant qu'une tournée bien faite ne se mesure pas au nombre de kilomètres...

CE

CENTRE COURRIER D HEROUVILLE
SAINT CLAIR
2 PASSAGE DE LA POSTE
14200 HEROUVILLE SAINT CLAIR

CTEURS EN FRANCE

MILLAU /
(AVEYRON)

Il m'arrive fréquemment de retrouver des clients le soir à la pétanque.

Hervé Mas
37 ans, facteur depuis 15 ans

HERVE MAS
CENTRE COURRIER DE MILLAU
AVENUE ALFRED MERLE
12100 MILLAU

À l'ombre du viaduc

Tu viens de Millau ? Ah oui, le bouchon ! Combien de fois, lorsqu'il œuvrait à Paris, Hervé Mas s'est ainsi fait apostropher par ses collègues. La réputation de la sous-préfecture de l'Aveyron – célèbre également pour le démontage de son Mac Donald – n'est plus de mise. Hervé Mas en sait quelque chose : une bonne partie de sa tournée se déroule désormais à l'ombre du plus célèbre des viaducs : vu d'en bas, la construction donne toute la mesure de son gigantisme. « Je suis arrivé trop tard sur la tournée pour observer l'évolution du chantier. Au début, je passais mon temps à le regarder, maintenant je n'y fais même plus attention. »

L'effet viaduc a joué. La ville s'étend et les résidences grimpent sur les collines aux alentours. Pourtant, Hervé Mas a perdu certains de ses clients, tel ce grutier, parti vers d'autres cieux, d'autres chantiers aériens.

La tournée d'Hervé compte deux parties bien distinctes. La première est essentiellement constituée d'entreprises. Dans la plupart, Hervé remet le courrier en main propre, pour le plus grand plaisir de ses clients. « C'est partout que l'on aime rencontrer son facteur et pas seulement à la campagne, estime la patronne d'une société. D'autant que le nôtre est agréable et, en plus, rapide et efficace. » Hervé est capable de décrire par le menu toutes les entreprises de la ville, dont la dernière tannerie – longtemps l'activité phare de la ville – dans laquelle travaille sa belle-mère. Sa belle-mère, il la retrouve justement sur la seconde partie de sa tournée, une zone résidentielle nichée sur une colline, avec toujours en ligne de mire… le viaduc. Hervé connaît tout de la vie du quartier. Rien d'étonnant car, outre sa belle-mère, il dessert un oncle et son chef d'équipe. « Ce quartier, c'est comme une famille », indique un retraité. Assurément, Hervé en fait partie.

“Il m'arrive fréquemment de retrouver des clients le soir à la pétanque.

J'ai déjà joué avec la moitié du quartier résidentiel que je dessers. Le "Mondial de la pétanque", l'un des concours les plus célèbres de France, se déroule à Millau. On joue durant quatre jours et quatre nuits partout dans la ville. Une vraie folie à laquelle je participe car je suis licencié depuis l'âge de dix ans. À La Poste, nous avons monté une équipe d'une douzaine de passionnés et nous nous retrou-

vons un soir par semaine. Je m'occupe du recrutement. Lorsque je croise des anciens sur ma tournée, j'en profite pour les inciter à nous rejoindre. Pour les retraités, c'est un bon moyen de garder le contact avec les collègues. Nous les postiers, nous nous mesurons à d'autres corporations, comme les garagistes, les policiers, le personnel hospitalier... Nous avons ainsi joué contre l'équipe Bricorama dont le magasin se situe sur ma tournée. C'est plutôt sympathique de rencontrer ses clients dans un cadre autre que celui du travail. D'autant qu'il s'agit de compétitions familiales, qui se terminent en général par un bon repas. Rien à voir avec les concours officiels, où c'est du sérieux et où plus personne ne rigole.

Je n'ai bien sûr pas besoin de la pétanque pour avoir un contact avec mes clients. Lorsque j'ai commencé, je me suis présenté dans chacune des entreprises. Et quand je distribue, dans la majorité des cas, je viens saluer les employés et le patron. Je leur rends divers services. Par exemple, comme les entreprises sont fermées le samedi, je garde les recommandés et je les leur remets le lundi. Ainsi, je leur évite un déplacement au bureau de Poste.

J'essaie tout autant de faciliter la vie des particuliers. Il m'arrive souvent, une fois les lettres déposées dans les boîtes, de repasser à l'heure du déjeuner pour présenter les recommandés. Je me débrouille toujours pour éviter de laisser des avis de passage. Certains me confient un peu d'argent et je leur apporte des timbres le lendemain. La confiance est naturelle entre nous.

Courir, courir, toujours courir, ce n'est pas ma philosophie dans la vie. J'aime prendre mon temps, j'adore parler et surtout, je m'intéresse à tout. Les autres personnes ont tellement de choses à vous apprendre qu'il serait trop bête de passer à côté. Lorsque je vois mon fils aîné qui ne cesse de poser des questions sur n'importe quel sujet, j'ai souvent l'impression de me regarder dans un miroir. ”

CENTRE COURRIER DE MILLAU
AVENUE ALFRED MERLE
12100 MILLAU

CTEURS EN FRANCE
POITIERS /
(VIENNE)

Je suis pleine de vitalité et incapable de me laisser aller. Les clients le sentent bien.

Isabelle Tourrais
36 ans, factrice depuis 5 ans

FACT

ISABELLE TOURRAIS
CENTRE COURRIER DE POITIERS
79 AVENUE DE NANTES
BP 776
86030 POITIERS CEDEX

La petite géante

Attribuer ses chutes à mobylette à l'abus de cognac, sa ville de naissance, serait une pure médisance. La plupart de ses collègues en plaisantent encore et elle a été la première à en rire. Il n'y a qu'à la voir pour tout comprendre. Avec ses 1 m 49, Isabelle Tourrais ne pouvait toucher terre quand elle était perchée sur son engin. Elle qui pensait passer inaperçue en se grandissant de quatre centimètres, elle avait été repérée. Ses supérieurs se sont rendu compte que quelque chose clochait. Désormais, elle œuvre à pied ou à vélo, sans craindre de chuter. Cette sportive assidue, footballeuse depuis l'adolescence, compense sa taille par une vitalité exubérante et un irrésistible sens de l'humour qui déride ses interlocuteurs les plus coriaces. À trente-six ans, Isabelle compte cinq années de Poste, elle a commencé comme rouleuse (remplaçante) pendant deux mois à Barbezieux puis 4 ans à Chateauneuf, toujours en Charente. Elle avait préparé le concours pour apprendre au dernier moment qu'il venait d'être supprimé. Alors, elle s'est adaptée, décrochant enfin un CDI après plusieurs CDD*. À Poitiers depuis octobre 2005, elle apporte un rayon de soleil dans les quartiers difficiles et pose « des pansements sur le cœur des gens ». Jamais découragée par l'effort, elle avale les kilomètres sur les routes. Question autorité, elle sait se faire respecter comme sur les stades de la région où elle poursuit une brillante carrière d'arbitre. Avec son cœur et son humour, elle a la taille pour résister à toutes les taquineries.

“Je suis pleine de vitalité et incapable de me laisser aller. Les clients le sentent bien

et finissent par me dire que je leur donne du baume au cœur. Ils s'ouvrent à moi, me racontent parfois leurs problèmes. Quand ils voient un visage qui pétille, leur regard s'éclaire à leur tour. Je change souvent de quartier mais les immeubles et les HLM sont les plus nombreux sur mes tournées. Je côtoie la pauvreté, l'isolement, et parfois la détresse. Je ne vivais pas ça à la campagne car les clients étaient plus proches, avec un contact plus chaleureux. Les citadins se montrent plus renfermés, souvent méfiants. On se contente souvent de glisser le courrier dans les boîtes sans voir personne. Et puis, progressivement, on arrive à rencontrer des gens. Au début, le contact est timide. Nous sommes sondés. On ne nous apprécie pas au premier coup d'œil. Alors j'essaie de rompre la glace avec ma gaîté, mon naturel.

En tant que remplaçante, je change sans cesse de secteur et cette mobilité ne facilite pas les liens. Peut-être que lorsque j'aurai ma tournée, cela changera-t-il tout : on peut fidéliser la clientèle et nouer des véritables relations avec elle. Je me console en me disant que mon jour de tournée viendra bien un jour et aussi grâce aux excellentes relations que j'entretiens avec mes collègues. On peut dire que je suis devenue un des bouts en train du centre. À tel point que j'ai l'impression d'être là depuis des années. J'ai tout de suite senti que la porte était grande ouverte. Le centre courrier de Poitiers m'a très bien accueillie, moi qui suis naturelle et qui aime parler. La liberté d'expression est bien réelle dans le travail. C'est même inhérent au métier, comme le sens de la communication. Et puis ma taille joue aussi comme un argument, une sorte de mètre étalon : ainsi La Poste explique même aux clients les plus récalcitrants que leur boîte aux lettres doit être déplacée dans le cas où je n'arrive pas à l'atteindre ! »

* Dans le cadre des accords de Vaugirard.

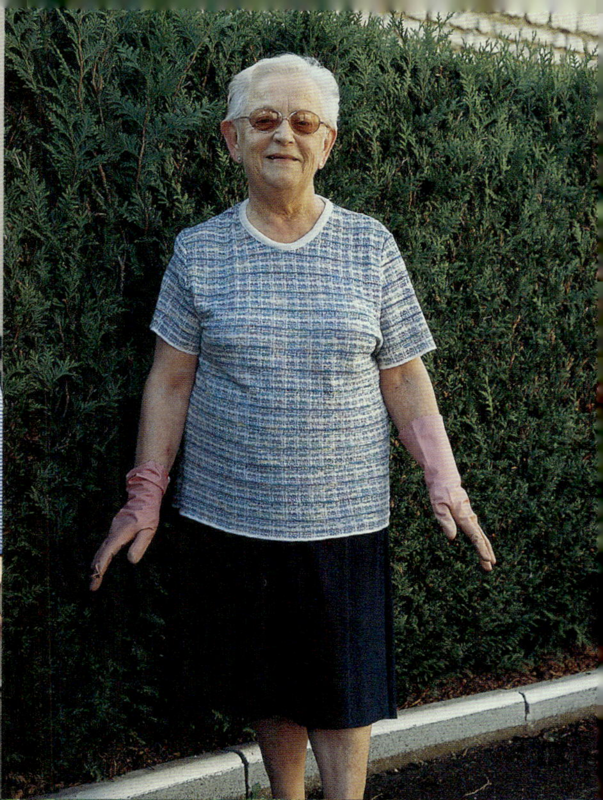

NCE

CENTRE COURRIER DE POITIERS
79 AVENUE DE NANTES
BP 776
86030 POITIERS CEDEX

CTEURS EN FRANCE

PRADES /
(PYRENEES ORIENTALES)

Les commerces disparaissent les uns après les autres, c'est moi qui assure la livraison des produits essentiels.

Henri Moné

54 ans, facteur depuis 31 ans

FACTE

HENRI MONE
CENTRE COURRIER DE PRADES
ESPACE ALFRED SAUVY
RUE JAUME
BP 75
66501 PRADES CEDEX

Des Champs-Élysées au Canigou

Lorsque Henri Moné, ses collègues ou ses clients se rendent au petit bureau de Poste d'Olette, non loin du Canigou, ils rasent les murs pour éviter de se faire happer par un des nombreux camions qui circulent sur la commune. Traversé par la nationale 116, ce village pyrénéen est constamment emprunté par les semi-remorques et les voitures de touristes qui rejoignent les stations de ski voisines. Malgré tout, personne ne veut quitter son village. Né dans la région, ce facteur haut comme trois pommes y est viscéralement attaché. Connaissant par cœur les pièges de la route, il va à son rythme lorsqu'il conduit sa voiture sur les routes sinueuses de montagne. Ses clients savent bien que le courrier arrivera toujours à l'heure. À sa façon, Henri illustre à merveille la lutte que mènent tous ceux qui veulent que l'aventure continue. À travers sa vie de fils de paysan pyrénéen passé par les Champs-Élysées et la Canebière, il se retourne sur son parcours de postier.

« Comme les commerces disparaissent les uns après les autres, c'est moi qui assure la livraison des produits essentiels :

les médicaments prescrits par le médecin et parfois du pain pour un de mes plus vieux clients. J'ai même livré une machine à laver et un lot de six chaises ! Mes clients sont disséminés dans des hameaux perdus en montagne. Certains comptent à peine plus d'une dizaine d'habitants. Si des gens peuvent encore habiter des endroits aussi reculés, c'est sans doute en grande partie grâce à La Poste. C'est le principal lien qui les relie au reste du monde. Ma tournée à Olette s'étend sur 40 kilomètres et dessert 250 foyers.

Je suis revenu au pays en 1992 pour m'occuper de ma mère. En fait, j'ai commencé ma carrière sur les Champs-Élysées. Je n'aurais jamais imaginé que j'y distribuerais le courrier. Pour un fils de paysans pyrénéens, voir Paris c'est déjà beaucoup. Mes parents n'avaient pas beaucoup de moyens mais j'ai pu suivre des études grâce aux bourses et j'ai obtenu une licence d'histoire. Rapidement, il a fallu que je gagne ma vie. J'étais très ami avec deux frères dont la mère travaillait à La Poste. Nous avons passé le concours tous les trois en 1975 : nous avons tous été reçus et nous sommes partis nous installer à Paris. C'est comme ça que je me suis retrouvé à descendre la plus belle avenue du monde. C'était une sacrée aventure pour l'époque. Je travaillais pour le deuxième plus grand bureau de Paris dans le 8e arrondissement : nous étions près de 600. Les gens venaient de la France entière. Un brassage qui n'existe qu'à La Poste ! Je suis devenu ami avec un facteur du Nord qui parlait le "chti" alors que moi je parlais le catalan. Ce n'était pas toujours facile de se comprendre. Je l'ai invité chez moi. Il est arrivé un jour de brouillard. Le lendemain, le ciel était dégagé et il a vu des montagnes pour la première fois de sa vie. Il m'a demandé comment elles avaient pu pousser en une nuit !

En 1977, j'ai été affecté à Marseille. Comme pour Paris, je m'occupais de l'avenue la plus célèbre : la Canebière qui mène au Vieux Port. J'ai toujours aimé travailler en centre-ville. On peut y faire les tournées à pied et c'est le meilleur moyen de rencontrer les gens. J'ai bien passé le concours de receveur-distributeur mais le travail de bureau me plaisait moins. J'avais remarqué que les gens sont plus contents quand on vient chez eux que lorsqu'ils se rendent au guichet.

En 1979, j'ai été affecté à Corneilla de Conflent près de mon village d'origine. Mais je suis bien vite reparti pour Oyonnax dans l'Ain en 1982. C'est de là que viennent mes meilleurs souvenirs. Comme d'habitude, je faisais une tournée à pied en centre-ville. Mes clients étaient chaleureux et mes collègues, devenus en onze années de véritables amis, m'invitaient fréquemment chez eux. Aujourd'hui, je suis de retour dans ma région mais j'ai dû abandonner la tournée à pied et en centre-ville pour relier les hameaux les plus reculés. Avec ma voiture jaune, je suis un peu le trait d'union entre les clients et le monde extérieur. ”

CE

HENRI MONE
CENTRE COURRIER DE PRADES
ESPACE ALFRED SAUVY
RUE JAUME
BP 75
66501 PRADES CEDEX

CTEURS EN FRANCE
LANDIVISIAU /
(FINISTERE)

Quand on débute, il faut être attentive : se rappeler que ceux-là ont le même nom mais ne se parlent plus.

Renée Chatellard
57 ans, factrice depuis 6 ans

FACT

CENTRE COURRIER DE LANDIVIS
ZI DU VERN
RUE DU PONTIC
BP 40952
29409 LANDIVISIAU CEDEX

Le poids du silence

Dans cette Bretagne de l'intérieur, tout le monde a son jardin. Par-dessus les murs, des nuages de pétales blancs et roses, rouges et mauves signent la présence des camélias, rhododendrons, azalées. Entre ville et campagne, Renée Chatellard respire son territoire. Une liasse de courriers à la main, elle bondit de sa voiture : « Ici, on distribue quatre maisons, alors on le fait à pied. » Ou plutôt au pas de gymnastique… Renée paraît beaucoup plus jeune que ses 57 printemps : « Normal, vous dit-elle, dans la vie, il y a plusieurs vies. » Celle qu'aujourd'hui Renée parcourt sur un rythme olympique a tout juste six ans. Dans ses vies d'avant, elle a travaillé dans le privé, après avoir élevé ses enfants.

Levée à 5 heures, elle rejoint à pied le centre courrier. Un quart d'heure chaque matin, qu'il pleuve ou qu'il gèle. Elle enchaîne sur sa tournée de 350 boîtes aux lettres sans perdre son tonus, à peine une pause, le temps d'un petit café dans l'un des trois bars qu'elle distribue. De l'avis de la patronne, Renée est une rapide. Il est vrai qu'elle s'entretient… Chaque jeudi soir, elle fait de la gymnastique, le week-end des randonnées entre amis, et quand la saison revient, elle s'inscrit à des tournois de tennis !

Dans sa toute première vie, Renée a grandi dans une ferme non loin de Landivisiau. Elle a vu changer son pays à la fois si proche et si loin de la mer. Aujourd'hui, la Bretagne n'a plus le même visage. Les villages aménagent des zones d'activités et les maisons neuves grignotent les prairies alentour. Pourtant, au-dessus des toits d'ardoise passent toujours les nuages d'Atlantique, laissant apercevoir, ici et là, un bleu de porcelaine aussi clair que le regard de Renée.

“Quand on débute, il faut être attentive : se rappeler que ceux-là ont le même nom mais ne se parlent plus.

À cette adresse, il faut déposer le courrier sur le congélateur. Chacun ses manies, ses préférences. Les premières semaines, les gens vous observent, vous jaugent, vous testent. Puis, quand la relation de confiance est créée, ils s'ouvrent petit à petit. On dit que les Bretons sont secrets, c'est toujours vrai. Si les paysages et la façon de vivre ne sont plus les mêmes, les hommes ont gardé leur mentalité. Nous sommes dans un pays de silence, la parole y est rare. Quand on lit des ouvrages sur la vie des paysans bretons au siècle passé, on se rend compte à quel point les échanges étaient rares entre les membres d'une même famille. Aujourd'hui encore, c'est une chose que mon métier de facteur m'a permis de vérifier, dans certaines maisons, on ne sait toujours pas se parler entre frères et sœurs, entre enfants et parents. C'est particulièrement vrai en campagne ou la population a été moins brassée, où elle reste malgré tout à l'écart des évolutions de la société.

Pour les personnes qui vivent cet isolement, le silence est un poids et il faut bien lâcher de temps en temps ce que l'on a sur le cœur. Pendant l'année, on croise à peine nos clients, bien souvent, les gens travaillent, ou alors ils sont au jardin à faire des bricoles. On se dit deux trois petits mots et puis c'est tout. C'est la convivialité du quotidien. À moins d'un recommandé ou d'un colis, on reste sur le pas de la porte. C'est au moment de la vente des calendriers, quand on entre chez les gens, que la parole se libère. Je n'imaginais pas à quel point le statut de facteur permet d'entrer, sans le vouloir, dans la vie intime des gens. Cela tient sans doute à notre position de neutralité, nous ne sommes pas de la famille, nous ne sommes pas amis, nous sommes tout à la fois lointains et proches.

D'ailleurs, je n'étais pas préparée à cet énorme besoin de confidence. J'ai appris à écouter, et aussi à me taire. Cette phrase que l'on entend parfois : "Je l'ai appris du facteur", on ne peut pas me l'appliquer. La discrétion est pour moi impérative. Il n'y a pas que les secrets des conversations qu'il faut savoir garder. Les enveloppes nous en apprennent déjà beaucoup : lettre des employeurs, de laboratoires médicaux... Tout le monde se connaît dans Landivisiau. On ne peut pas trahir la confiance.

"

NCE

RENEE CHATELLARD
CENTRE COURRIER DE LANDIVISIAU
ZI DU VERN
RUE DU PONTIC
BP 40952
29409 LANDIVISIAU CEDEX

117

CTEURS EN FRANCE

SAINT GEORGES /
(GUYANE)

Quand je pars toute la journée sur mon fleuve au milieu de la jungle, je suis entièrement seul.

Alberto Caman
33 ans, facteur depuis 10 ans

FACTE

ALBERTO CAMAN
CENTRE COURRIER DE SAINT GEORC
RUE ALPHONSE GUEYE
97313 SAINT GEORGES

Le facteur en pirogue

Alberto est un enfant du pays. Il connaît comme sa poche les caprices autour de l'embouchure de l'Oyapok quand les marées sont importantes, les ruses des aïmeras, ces poissons à fines dents rapprochées qui vous lacèrent brutalement un mollet. À trente-trois ans, l'expérience lui a déjà mis du plomb dans la tête. Il n'est plus ce jeune orpailleur qui, à vingt ans, fondait son entreprise pour aller extraire l'or, manipulant de 600 grammes à 3 kg par semaine. Non, Alberto Caman préfère désormais la compagnie des hommes. « Ce sont mes frères. À Saint-Georges, on se connaît tous. On a toujours de quoi se raconter. »
Malheureusement le temps lui manque parfois, souvent même, puisque quand Alberto a terminé le tri et la distribution de courrier, il commence une nouvelle journée en gérant son entreprise de transport fluvial. « J'aime bien passer d'une activité à une autre. Je hais l'ennui. » Mardi, il est servi car c'est jour de pirogue en Guyane. La distribution de courrier de part et d'autre du fleuve prend un parfum d'aventures.

« Quand je pars toute la journée sur mon fleuve au milieu de la jungle, je suis entièrement seul,

livré à moi-même sans aucun moyen de communication. Ici, mieux vaut ne pas avoir d'ennui. Heureusement qu'il y a les papouilles, ces petites embarcations de fortune conduites par les pêcheurs brésiliens qui vivent sur la rive d'en face ! Même si elles semblent manquer de stabilité, je sais qu'elles viendront me dépanner en cas de problèmes mécaniques. Pour ma tournée en pirogue, j'ai préparé l'embarcation artisanale que je piloterai toute la journée pour distribuer le

courrier à 50 familles réparties sur trois villages. Une heure après mon départ, je rejoins la terre, non loin de l'embouchure du fleuve qui pousse ses grondements habituels. C'est à pied que je me rends à Trois Palétuviers, un village indien où vit une quinzaine de familles. J'ai déjà faim car j'ai commencé le tri du courrier vers 6 heures du matin.
Comme souvent les odeurs épicées se répandent déjà dans le village. C'est l'heure des grillades. Sentez, ce sera du tapir aujourd'hui. J'adore ! D'autres fois, les habitants me préparent du cochon bois grillé (marcassin) ou du macaque, un vrai délice aussi.
Attention, l'heure tourne et il est temps de se laisser porter par les courants jusqu'à Tampac, le petit village Saramanka si cher à mon cœur. Ce sont pour l'essentiel des anciens qui vivent là. Pour la plupart, ce peuple "noir-marron" ne sait ni lire ni écrire. Alors j'explique, je lis, je traduis, je raconte comment faire surtout pour les papiers administratifs. En échange, quand le courrier n'est pas trop abondant, je reste à les écouter parler du temps où Saint-Georges était perdu au milieu de la jungle, accessible seulement par avion ou par bateau. Ces souvenirs sont pour moi très précieux. Autant que de l'or ! Et je sais de quoi je parle… moi qui ai commencé orpailleur. Je ne regrette pas mon choix professionnel. Grâce à mon métier, je resserre les liens avec les gens du pays, je gagne leur estime en leur rendant service et je fais de très belles rencontres. Pour mes enfants, je pense que c'est une bonne manière de montrer ce que signifient les mots ouverture d'esprit et solidarité, non ? Je voudrais qu'ils profitent comme moi des études. Tout le monde n'a pas cette chance, je m'en rends bien compte dans ces moments.

”

NCE

ALBERTO CAMAN
CENTRE COURRIER DE SAINT GEORGES
RUE ALPHONSE GUEYE
97313 SAINT GEORGES

57 FACTEURS EN FRANCE

CTEURS EN FRANCE

PARIS /
(PARIS)

La voiture est tellement silencieuse que personne ne nous entend arriver pas même la police.

Dominique Dieudonné
40 ans, facteur depuis 18 ans

DOMINIQUE DIEUDONNE
CENTRE COURRIER DE PARIS
107 TER RUE DU FAUBOURG ST D
75475 PARIS CEDEX 10

Un facteur branché

Alors que certains facteurs venus de province ne font qu'un petit tour à Paris avant de s'en retourner dans leur région d'origine, Dominique Dieudonné a choisi d'y rester plus que de coutume. Il avait bien demandé quelques affectations mais les propositions faites ne lui plaisaient pas suffisamment pour repartir. Bien lui en a pris car Dominique est devenu, derrière son petit air narquois, l'un des facteurs les plus branchés de France. En 1998, dix ans après avoir passé le concours à Laval, le centre de distribution du 10e arrondissement où il a élu domicile professionnel s'équipe de véhicules électriques. Trouvant l'expérience intéressante, il se porte pilote volontaire pour tester de nouveaux prototypes électriques qui arrivent. Une petite fête est même organisée pour saluer l'événement. La première expérience ayant été concluante, notre facteur en redemande. Aujourd'hui, on aurait du mal à le priver de sa voiture préférée. Modeste, Dominique réfute l'étiquette de pionnier. Il veut simplement montrer l'exemple en espérant que de nombreux organismes suivront le chemin tracé par La Poste.

« La voiture est tellement silencieuse que personne ne nous entend arriver, pas même la police.

Arrêté derrière un agent qui réglait la circulation sans s'apercevoir de ma présence, je n'osais pas klaxonner pour me signaler. L'agent a fait un bond lorsqu'il a découvert la voiture. C'est vrai que ces véhicules ne font aucun bruit, ne polluent absolument pas. Pour une tournée courte comme la mienne dans un univers urbain aussi dense que Paris, c'est vraiment le véhicule idéal.

J'ai l'impression que mes clients sont déjà conquis, appréciant vraiment le fait que ma voiture ne nuise pas à l'environnement. Il arrive que les gardiens des immeubles ou que les hôtesses d'accueil des sociétés auxquelles je distribue le courrier me félicitent de contribuer à l'amélioration de la qualité de l'air. Quant aux cadres que je croise parfois, ils se montrent tous intéressés par ma voiture. On m'encourage : "vous allez de l'avant !" ou bien on me pose des questions plus curieuses : "c'est comment sous le capot ?" Je suis assez fier de participer à cette expérience, car outre le plaisir de la conduite, l'enjeu est de taille : il s'agit d'un vrai test à l'échelle nationale. Si l'essai est concluant, une grande partie du parc auto sera progressivement équipé de ces engins.

Pour ma part, j'apprécie surtout le confort de conduite qui me permet d'accomplir mon travail dans de meilleures conditions. Dans un quartier aussi mouvementé que le 10e arrondissement, point de passage des manifestations dont le classique République-Bastille, la distribution du courrier n'est pas toujours aisée. Les entreprises attendent leurs bons de commande, factures, chèques pour commencer la journée.

Surtout que je n'aurais jamais imaginé me retrouver au volant d'un tel véhicule. Mon rêve, c'était de devenir conducteur de train. J'ai une formation de menuisier mais j'ai toujours été passionné de chemin de fer. D'ailleurs, j'ai gardé chez mes parents un réseau modèle réduit. Comme des problèmes de vision m'ont empêché de suivre cette voie, c'est peut-être un petit clin d'œil du destin que de prendre les manettes d'une machine électrique. Pour moi, originaire de Mayenne, travailler à Paris n'a pas été facile au début mais j'ai fini par m'y habituer. J'ai découvert petit à petit les trésors de mon quartier dont de très belles cours qui cachent bien des histoires. Une de mes concierges m'a raconté que la sienne avait servi de décor au film Le Clan des Siciliens *avec Jean Gabin, Lino Ventura et Alain Delon. C'est aussi là que les artistes Dino et Shirley ont installé leur société de production. Je suis allé voir un de leurs spectacles et ils m'ont dédicacé une photo. Entre cinéma et music-hall, c'est presque une vie d'artiste.*

"

CE

CENTRE COURRIER DE PARIS
107 TER RUE DU FAUBOURG ST DENIS
75475 PARIS CEDEX 10

SISTERON /
(ALPES DE HAUTE PROVENCE)

Ma tournée,
c'est la plus belle,
il n'y a pas photo.

Jean-Pierre Zeprzalka
50 ans, facteur depuis 24 ans

FACT

CANTRE COURRIER DE SISTERO
11 AVENUE PAUL ARENE
04200 SISTERON

Zep, le nouvel enfant du pays

Avec son patronyme, Jean-Pierre Zeprzalka peut difficilement cacher ses origines polonaises. Ici, pourtant, c'est presque un enfant du pays. D'ailleurs, peut-être par crainte d'écorcher son nom, ses collègues l'appellent Zep et ses clients lui donnent du Jean-Pierre. Après seize ans dans le Sisteronnais, ce « ch'ti » fils de mineur a même pris l'accent du cru, ponctuant ses phrases d'expressions pagnolesques. « Le Kléber, oh pôvre, c'est une figure du pays, quatre-vingts ans et toujours au volant », lâche-t-il en croisant une voiture sur la petite départementale qui s'éloigne de Sisteron. Les deux véhicules se retrouvent porte à porte, le temps d'un salut et d'un échange de courrier par la fenêtre. Chaque client rencontré sur la route lui épargne quelques portions de piste qui mènent aux hameaux isolés s'égrenant tout au long de sa tournée. Non qu'il rechigne à la faire. Au contraire, il en est tombé amoureux dès le premier jour et l'idylle continue de plus belle. Depuis, il en a appris toutes les subtilités, connaît toutes les maisons et leurs occupants, s'arrête volontiers chez les uns et les autres pour « taper la discute ». Une petite blague pour remonter le moral de Marianne, dépitée de recevoir sa déclaration d'impôts. À la mairie de Saint-Géniez, il s'attarde pour trouver avec Aurore, la secrétaire, le destinataire d'une lettre mal adressée. Au hameau de Sorine, deux recommandés sont un excellent prétexte pour une pause café chez Joseph et Luce. Bon nombre de ses clients sont devenus des amis et, aucun doute, il est ici chez lui.

« Ma tournée, c'est la plus belle, il n'y a pas photo.

La route est superbe, les paysages magnifiques et, au fil de l'année, je vis vraiment les quatre saisons. Je croise des chevreuils et des chamois, j'aperçois des oiseaux incroyables, je repère les coins à champignons... On n'est pas scotché dans un bureau, on voit du pays, on rencontre du monde : c'est une forme de liberté assez rare de nos jours. C'est ce qui me plaît dans mon métier. Je le ressens d'autant plus fortement depuis que j'assure cette tournée : 100 kilomètres de petites routes et de chemins de terre à travers les montagnes, de Saint-Geniez à Entrepierre en passant par Authon. J'ai beau la faire tous les jours, je ne m'en lasse pas. Au fil des kilomètres, je change de climat, de relief, de végétation, de faune.

Même les maisons sont différentes, entre les mas provençaux de la vallée et les maisons en pierre du plateau, typiques des Hautes-Alpes. Côté Val de Durance, la population augmente régulièrement. Des jeunes, pas mal d'étrangers, qui retapent une maison pour venir se mettre au vert. Mais sur le plateau de Sorine, c'est l'inverse. L'ambiance reste très rurale, le climat est plus rude. Il y a encore une école à Saint-Geniez, avec un instit et une quinzaine d'élèves. Quand je monte là-haut, je prends vraiment conscience de la notion de service public. Si nous n'existions pas, personne n'irait distribuer le courrier. D'ailleurs, les gens me demandent souvent si le service sera maintenu d'ici cinq ans, quand La Poste perdra le monopole de la lettre. Je ne sais pas ce que l'avenir nous réserve, mais je trouve important que l'on continue à desservir des coins isolés comme celui-ci.

Les relations avec les clients sont différentes qu'en ville. Les gens me connaissent bien, maintenant. Je suis "leur" facteur. Ils m'invitent chez eux pour prendre un café ou casser la croûte. Pour certains, je fais presque partie de la famille. On parle de tout et de rien, j'écoute les petites histoires de chacun, les versions des uns et des autres – sans prendre parti ! – quand il y a un litige entre voisins. Ils savent aussi qu'ils peuvent compter sur moi pour leur rendre service. Je leur monte des timbres ou du pain ; je prends leurs lettres et leurs colis pour les peser, les affranchir et me faire rembourser ensuite ; je récupère à la pharmacie des médicaments qu'ils ont commandés.

J'essaie aussi de faire attention aux personnes âgées, souvent isolées durant l'hiver. Surtout depuis qu'on a retrouvé une personne décédée depuis une dizaine de jours dans sa maison, à Saint-Geniez. Personne ne s'en était rendu compte. À Vilhosc, par exemple, il y a une personne âgée que je surveille de près. Il vit seul dans une petite bastide, un peu à l'écart de la route. L'autre jour, j'ai retrouvé le Provençal *que j'avais déposé la veille dans sa boîte. Pas de fumée de la cheminée de sa maison, ça m'a inquiété. Par acquis de conscience, j'ai prévenu le maire. Heureusement, il était juste à l'hôpital pour des examens de routine. Mais sa fille est venue me remercier le lendemain pour mon geste.*

"

NCE

CANTRE COURRIER DE SISTERON
11 AVENUE PAUL ARNE
04200 SISTERON

CTEURS EN FRANCE

NARBONNE/
(AUDE)

J'ai vécu une période éprouvante où j'ai reçu des invectives, parfois proches de l'injure.

Muriel Aragon
35 ans, factrice depuis 16 ans

FACTE

MURIEL ARAGON
CENTRE COURRIER DE NARBON
ZAC DE BONNE SOURCE
ROUTE DE GRUISSAN
11790 NARBONNE CEDEX

La négociatrice

Quitte à accompagner une amie passer le concours de facteur, autant tenter l'épreuve plutôt que d'attendre à ne rien faire. C'est ainsi que, son bac en poche, Muriel Aragon est devenue factrice, tandis que son amie échouait. Cette Narbonnaise s'est retrouvée dans le 7e arrondissement de Paris. Elle y a côtoyé de nombreuses stars, de Serge Gainsbourg à Jeanne Moreau, des présentateurs de la télévision à Bernard Tapie. De quoi éblouir une jeune fille de vingt ans. « J'aurais pu me constituer une sacrée collection d'autographes, mais je n'ai jamais osé demander, même si certains, comme Serge Gainsbourg ou Jeanne Moreau étaient vraiment gentils », se souvient-elle.

Si elle conserve une certaine réserve, Muriel joue franc jeu et ne flirte guère avec la diplomatie. « C'est plus fort que moi, il faut que je dise les choses en face », avoue-t-elle. Si son ton direct peut en dérouter certains, sa franchise la sert dans son métier de factrice de secteur, qu'elle exerce depuis 1994, d'abord à Carcassonne, puis à Narbonne où elle revient en 1999. Quand il s'agit de mettre en place des réformes auprès de ses collègues ou de ses clients, mieux vaut savoir où l'on veut aller et faire preuve de détermination.

Lorsqu'elle n'effectue pas l'une des huit tournées sur lesquelles elle est amenée à faire des remplacements, cette sportive, qui a pratiqué la natation à haut niveau, accompagne son fils sur les terrains de football, ou s'échappe vers Port La Nouvelle, pour retrouver son refuge : la mer.

« J'ai vécu une période éprouvante où j'ai reçu des invectives, parfois proches de l'injure.

Mais l'aventure était intéressante, cela changeait de l'ordinaire et j'ai beaucoup appris sur les gens. Être factrice de secteur, ce n'est pas de tout repos : l'année dernière, j'ai dû annoncer à des clients qu'ils devaient installer une boîte aux lettres en limite de propriété. Auparavant, la factrice empruntait des chemins semés de nids de poule pour leur remettre leur courrier. Résultat, les voitures étaient dans un état catastrophique. De plus, il était impossible d'accéder aux habitations durant les périodes de pluie, parfois durant plusieurs jours d'affilée.

En avril 2005, j'ai donc envoyé un courrier à la cinquantaine de personnes concernées, leur demandant d'installer la fameuse boîte aux lettres, leur laissant un délai de six mois alors que la réglementation le limite à soixante jours. La plupart d'entre eux ont compris et se sont exécutés, le plus souvent au dernier moment... comme pour la déclaration d'impôts. Certains se sont même montrés très compréhensifs, me demandant quel était l'endroit qui nous arrangeait le mieux.
À partir de ce moment-là, mes collègues ont souhaité que je sois accompagnée lorsque j'allais voir les "récalcitrants", même si personnellement je ne me sentais absolument pas en danger. Je suis allée les rencontrer plusieurs fois. J'ai proposé différentes solutions, notamment à la personne âgée : lui signaler par une pince à linge la présence de courrier pour lui éviter de se déplacer pour rien, déposer les plis dans la boîte d'un voisin qui pouvait les lui apporter... Je lui ai également fait remarquer que les éboueurs, eux, n'allaient pas jusque devant chez lui, et qu'il se débrouillait bien pour sortir ses poubelles.
À la fin, à court d'arguments, il a bien fallu signifier aux irréductibles qu'à partir de telle date le courrier ne serait plus distribué. Ils ont fini par céder.
Passé la crise, tout est rentré dans l'ordre. Les clients ne m'en veulent plus. Il est vrai que j'avais l'expérience du déplacement du centre de distribution du centre-ville vers la périphérie. Il a fallu repenser toutes les tournées en fonction des horaires de chaque facteur, car Narbonne est le seul centre à proposer des aménagements du temps de travail à la carte. Quand je vous dis que factrice de secteur n'est pas un métier de tout repos ! ”

NCE

CENTRE COURRIER DE NARBONNE
ZAC DE BONNE SOURCE
ROUTE DE GRUISSAN
11790 NARBONNE CEDEX

CTEURS EN FRANCE
LE THILLOT /
(VOSGES)

J'ai gravé ma devise dans le bois : je préfère avoir des regrets que des remords.

Michel Naegelen
55 ans, facteur depuis 32 ans

MICHEL NAEGELEN
CENTRE COURRIER DU THILLOT
7 RUE DE LA GARE
88169 LE THILLOT CEDEX

Sous le gel, la solidarité

La Moselle s'écoule lentement le long du village de Fresse, situé au fond d'une vallée vosgienne couvée par le ballon d'Alsace. Tout comme la rivière, « on prend notre temps ici », confie Michel Naegelen. L'homme n'est pas pressé. À cinquante-cinq ans dont trente-deux passées à La Poste il a déjà une longue carrière derrière lui. Facteur depuis 1974, il a appris le métier en Moselle avant de revenir chez lui où il effectue la même tournée depuis vingt-cinq ans, dans l'un des coins les plus froids de France. Au cœur de l'hiver, il n'est pas rare que le thermomètre affiche moins 20 degrés. Michel s'en moque. Physique de bûcheron et caractère taillé à la hache, il se régale de ce climat. Menuisier ébéniste de formation, il exerce sa passion en privé. Chez lui, on aurait du mal à trouver un meuble qui ne porte pas sa marque, sans compter les multiples objets d'art qui décorent sa maison. Michel ne travaille pas uniquement le bois. En 1993, avec un ami sculpteur, il s'est rendu à Fairbanks en Alaska rafler la médaille d'or du concours international de sculpture sur glace, au nez et à la barbe des Canadiens et des Américains. Les médias n'ont pas tardé à défiler mais Michel savoure son succès en gardant la tête froide. Pour lui, le plus important reste la culture locale qu'il préserve à travers les associations qu'il crée. Dernière en date : la Voye qui fait revivre le patois local et restaure de vieux bâtiments comme la chapelle des Vés, en 2001, avec l'aide d'une centaine de bénévoles.

“J'ai gravé ma devise dans le bois : je préfère avoir des regrets que des remords.

Si on ne fait rien, alors on n'a pas de regrets. Ce ne sont pas les occupations qui manquent mais c'est la tournée qui prime. Plus qu'ailleurs, avec un point culminant à près de 800 mètres, on est soumis aux conditions météorologiques et obligé de s'adapter. En hiver, quand la neige s'accumule, je chausse les skis dès que la route n'est plus praticable. De nombreux clients ont leur maison au bout de chemins forestiers, impossibles à atteindre en voiture. Ceux-là ne voient souvent que moi pendant plusieurs jours. Pour glisser le courrier dans la boîte aux lettres, ils mettent une pince à linge sur le clapet pour le maintenir ouvert et empêcher qu'il soit soudé par le gel. Apercevoir une pince signifie aussi que l'on peut entrer boire un café et manger un petit morceau en échange d'un coup de main. Ici, la vie est rude, alors tout le monde s'entraide. Couper du bois, nourrir les animaux ou encore appeler le médecin pour un vieux monsieur qui s'était cassé le fémur fait presque partie de la routine. Mais je n'aurais jamais pensé aider une "vache à faire veau" comme on dit ici. Pourtant, je me suis retrouvé dans cette situation.

L'habitat est vraiment très dispersé sur la commune. Un de mes amis s'est installé dans une maison isolée. Comme il recevait très peu de courrier, il s'est envoyé une lettre à lui-même pour que je vienne le voir. Arrivé chez lui, il m'a dit que la lettre était pour moi. Je l'ai ouverte : il s'agissait effectivement d'une invitation à venir boire un verre. Les gens sont comme ça ici. L'isolement crée des idées et donne de l'audace. Sur ma tournée, une dame de quatre-vingt-deux ans participe en permanence à des jeux concours. Elle a fait une drôle de tête quand je lui ai apporté une planche de surf et un ours en peluche d'un mètre de haut qu'elle venait de gagner !

Notre clientèle a vieilli après la crise qui a provoqué la fermeture des entreprises de tissage qui fabriquaient le fameux linge des Vosges. À cette époque, on trouvait beaucoup d'émigrés polonais ou italiens. Depuis quelques années, des jeunes relancent l'économie, reprennent des bergeries, exploitent à nouveau le bois des Vosges et vivent du tourisme avec le ski et les randonnées. Alors quand les cars déversent les colonies de vacances, ma voiture se remplit de courrier. La région en avait vraiment besoin et attire maintenant des étrangers. Une Hollandaise s'est installée là avec son mari allemand : ils ont ouvert le champagne pour l'inauguration de la boîte aux lettres que je leur avais posée. Ici, on fait une petite fête à la moindre occasion. C'est un des charmes du village. En tout, j'ai bien dû poser plus d'une vingtaine de boîtes aux lettres. Il faut savoir accepter les rôles que le destin vous donne. On comprend alors à quel point la vie peut être riche ! Raconter tout ce que j'ai vécu pendant ces belles années serait trop long. On n'aime pas être bousculé ici. En septembre prochain, je serai en retraite. Alors je prendrai enfin mon temps pour écrire tout ça dans un livre.

”

CE

MICHEL NAEGELEN
CENTRE COURRIER DU THILLOT
7 RUE DE LA GARE
88169 LE THILLOT CEDEX

BRIVE LA GAILLARDE /
(CORRÈZE)

Ce n'est jamais simple de remplacer un facteur populaire.

Hélène Lagauterie
42 ans, factrice depuis 1 an

FACT

CENTRE COURRIER DE BRIVE
LA GAILLARDE
AVENUE JEAN JAURES
19311 BRIVE LA GAILLARDE CE

Hélène et les vélos

Pour son quarante-deuxième anniversaire, Hélène Lagauterie est gâtée. Ce vendredi, il pleut sur Brive. À grosses gouttes. Hélène roule sur une quinzaine de tournées en ville comme à la campagne : elle est remplaçante.

Aujourd'hui, c'est tournée en ville et à vélo. La factrice emprunte ce parcours pour la troisième fois. En plein milieu de la tournée, au cœur d'un quartier résidentiel, les rues tournent et virent pour finir en impasse. « Mon Toit », « Ma maison », « Mon Logis »... les noms des maisons changent sans logique apparente et la numérotation laisse perplexe le non-initié. Pourquoi le 55 succède-t-il au 19 ? Mystère. Avant, Hélène arpentait déjà les rues de la ville car elle distribuait de la publicité non adressée. Lors de la reprise de cette activité par Mediapost*, Hélène a choisi d'entrer à La Poste. Puis, pendant deux ans, elle a travaillé de 5 h 30 à 8 h 30 au tri des boîtes postales. Alors, malgré la pluie, elle préfère être dehors que dans un bureau !

Hélène suit scrupuleusement son plan de tournée, vérifiant parfois un nom dans le cahier du facteur titulaire. Certains numéros sont artistiquement dissimulés. Et demandent un demi-tour de plus, toujours sous la pluie, pour trouver la bonne boîte. Impossible de faire plus vite ! Hélène a aperçu une dame âgée sur son perron et lui remet en main propre son courrier. Ainsi, elle évite à sa cliente de se mouiller. « Ce n'est pas un temps pour vous ! », lui lance cette dernière. « Ah, ça non ! », répond Hélène, dégoulinant de la tête au pied.

D'humeur égale, Hélène se concentre sur son travail, regrettant que les rues soient désertées en raison du temps. Tous ces tracas semblent glisser sur elle, comme la pluie sur les trottoirs de Brive.

« Ce n'est jamais simple de remplacer un facteur populaire.

Certains clients peuvent vous reprocher de ne pas arriver à la même heure, de ne pas travailler comme lui.

J'aime bien changer de tournée, c'est plus varié que de suivre toujours le même trajet. Parfois, je suis prévenue du jour au lendemain. Évidemment, je suis en général moins rapide que le titulaire. Pour faire correctement son boulot, il ne faut pas regarder l'heure, avoir une bonne mémoire et être

débrouillarde. Tout le monde m'avait prévenue que le métier était difficile. Heureusement, mon expérience de la distribution de la publicité me facilite la tâche. Et comme je suis née à Brive, je connais bien la ville.
Je préfère distribuer en campagne plutôt qu'en ville. Certes, la tournée y est souvent plus compliquée car les numéros n'existent pas forcément. Et puis, comme les familles sont souvent regroupées, il faut trier non seulement par nom mais aussi par prénom.
L'avantage, c'est de rencontrer davantage de monde. Les gens sont plus détendus, ils ont le temps et l'envie de discuter, d'autant que la plupart sont retraités. Il n'est pas rare qu'ils vous offrent un rafraîchissement. D'ailleurs, certains renâclent à installer des boîtes aux lettres, juste pour être sûr de voir le facteur...
L'autre jour, alors qu'il faisait un froid sibérien, j'ai remplacé une factrice qui a l'habitude de s'arrêter prendre un café chez une femme âgée de quatre-vingts ans. Comme j'étais gelée, la vieille dame a sorti une brique réfractaire de sa cuisinière et me l'a mise sous les pieds. Après, elle m'a servi un café tellement chaud que j'ai soufflé dessus pendant dix minutes, avant de pouvoir commencer à le boire.
Et puis à la campagne, on circule en voiture. Si j'aime bien marcher, il est difficile de faire tous ces kilomètres à bicyclette. D'autant que je n'en avais pas fait depuis trente ans. Et voilà une semaine que je collectionne les tournées à vélo dans Brive. Au début, sur les cinq kilomètres du retour, je m'arrêtais plusieurs fois tellement j'avais mal aux genoux. Les collègues en rigolent encore.
De plus, j'ai parfois peur en ville mais j'essaie de faire bonne figure. Je ne me sens pas fière dans certains quartiers. Une fois, la porte d'un immeuble était bloquée par trois jeunes qui dormaient par terre dans le hall, en compagnie de trois bergers allemands. L'un des jeunes m'a ouvert, j'ai souri, j'ai dit bonjour d'un air enjoué bien que je n'en menais pas large. Même s'ils avaient pas l'air bien méchant, je n'ai jamais été aussi rapide à mettre le courrier dans les boîtes. ”

* Filiale de La Poste chargée de la distribution de la publicité non adressée.

NCE

HELENE LAGAUTERIE
CENTRE COURRIER DE BRIVE
LA GAILLARDE
AVENUE JEAN JAURES
19311 BRIVE LA GAILLARDE CEDEX

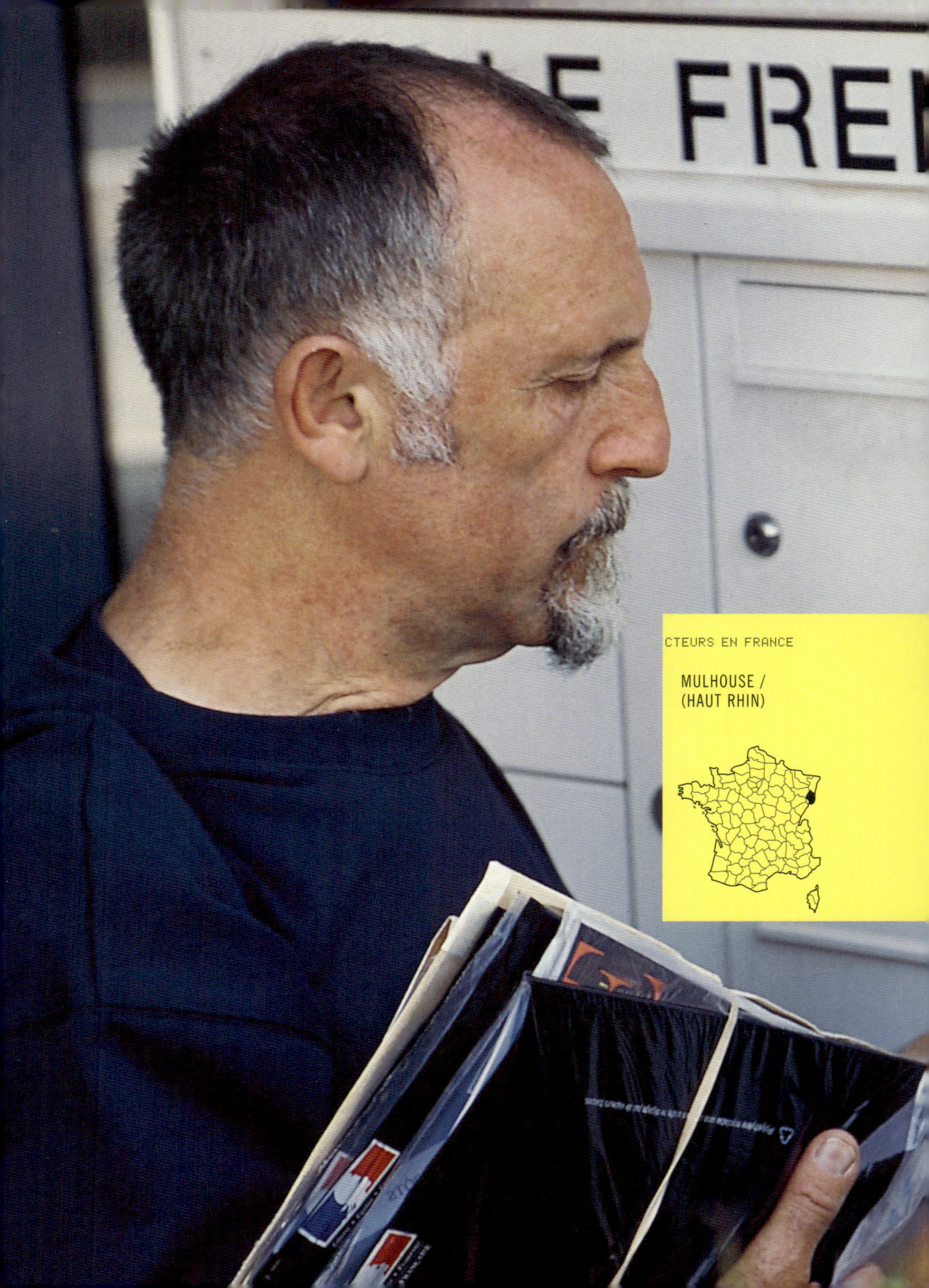

CTEURS EN FRANCE

MULHOUSE /
(HAUT RHIN)

Jamais de toute ma carrière, je me suis levé en pensant : « Je n'ai pas envie d'aller travailler. »

Roland Rousseau
54 ans, facteur depuis 34 ans

FACTE

ROLAND ROUSSEAU
CENTRE COURRIER DE MULHOU
33 RUE FRANCOIS DONAT BLUMS
68060 MULHOUSE CEDEX

Like a rolling stone

Depuis trente ans, Roland Rousseau distribue le courrier à Brunstatt, banlieue cossue de Mulhouse. Il a vu plusieurs générations grandir et prendre leur envol ; il a pesté contre le sort qui vient, toujours trop tôt, emporter un ancien. Il dit se souvenir de toutes les personnes disparues, en connaître le nombre exact : 130, depuis qu'il tourne dans ce quartier. Jamais il ne passe devant leurs maisons sans leur adresser un salut secret. Un message à distribuer encore et toujours...

Le mercredi, les enfants l'attendent : ensemble, ils font un bout de chemin. Eux sur leur vélo, Roland sur sa mobylette. En deux phrases, l'aventure commence. Le parcours de la tournée devient le Paris-Dakar. Roland a cette magie de transformer le quotidien en merveilleux. Un art du récit, une science du contact humain. En deux phrases, il réussit à transporter les enfants à l'autre bout du monde.

Le week-end, il anime des soirées dans les refuges de montagne. Musicien, fin guitariste, il possède d'ailleurs en esthète une Fender Stratocaster et une non moins exceptionnelle Gibson « Les Paul », deux guitares mythiques de l'histoire du pop rock. Régulièrement, il invite aux veillées ses clients, amis de trente ans, anciens du quartier ou nouveaux arrivants.

Quand Roland n'est pas sur sa tournée, quand il ne monte pas dans les refuges, il part à l'aventure. Un jour, la passion des pierres l'a saisi. Aujourd'hui, il a réuni tant de pièces exceptionnelles que sa collection est l'une des plus attractives de sa région. Attention, à quelques exceptions près, ses cristaux de quartz, de tourmaline, ses hématites, n'ont pas été achetés. Non, Roland dédaigne ces pierres de commerce. Il préfère la gemme sauvage, celle qu'il faut aller cueillir à flanc de falaise, au fond des galeries désaffectées, ou dans les déserts cuits de chaleur. Chaque année, il part en expédition et met le cap vers un filon secret. Maroc, Namibie, désert de l'Utah, Alpes françaises et suisses connaissent son piolet. À plus de 2 000 mètres d'altitude, dans des positions acrobatiques, il se dit parfois qu'il serait plus simple de faire une collection de timbres...

« Jamais de toute ma carrière, je me suis levé en pensant : « Je n'ai pas envie d'aller travailler. »

Avec cette tournée, parfois je me dis que j'ai passé ma vie à me promener dans un jardin : à Brunstatt, les maisons sont toutes bordées de cerisiers, de mirabelliers, de pêchers. Moi, je n'ai jamais compté mon temps sur ma tournée. Les gens que je vois tous les jours vont me manquer. Au bout de trente ans, tu connais tout, même ce que tu ne devrais pas savoir. Quand je serai à la retraite, je reviendrai discuter avec les uns et les autres. Il y a tellement de personnes avec lesquelles je suis lié, j'aurai forcément envie de savoir ce qu'elles deviennent. Toutes font partie de ma vie.

Quand je rencontre quelqu'un en dehors de ma tournée, mon premier réflexe est de dire que je suis facteur. Tout le monde ne claironne pas sa profession comme ça, dès la première minute. Le simple fait d'annoncer que tu es facteur déclenche toujours une réaction et la conversation s'engage très vite. En fait, ma vie s'est confondue avec mon métier. Par exemple, mon truc, c'est de jouer de la musique dans les refuges. J'ai un répertoire de près de 150 chansons. J'en ai composé moi-même un bon nombre. Il y en a une, écrite en alsacien, qui s'appelle Der facteur. Elle raconte avec humour l'histoire d'un jeune montagnard qui devient postier. Elle est connue dans tous les refuges. Si je sors ma guitare, tout le monde me la demande.

Et puis, comme je collectionne les pierres depuis longtemps, avec La Poste on a organisé des expositions dans les bureaux de la région. Bien sûr les gens sont au courant sur ma tournée. Souvent, ils me posent des questions et je leur décris mes expéditions. Beaucoup sont venus chez moi pour voir de près mes découvertes.

Je suis maintenant à deux ans de la retraite et l'heure des bilans arrive. Une chose est sûre : j'ai aimé profondément ce métier, à tel point que je n'ai jamais imaginé faire autre chose. Depuis trente ans, les organisations ont évolué, c'est sans doute le sens de l'histoire. Mais il faut que le contact avec le client reste la priorité. C'est ça le cœur de ce métier. J'espère que ça ne changera jamais car sans le facteur La Poste meurt. »

CE

CENTRE COURRIER DE MULHOUSE
33 RUE FRANCOIS DONAT BLUMSTEIN
68060 MULHOUSE CEDEX

57 FACTEURS EN FRANCE

CTEURS EN FRANCE

ARGELES GAZOST /
(HAUTES PYRENEES)

Il y avait tellement de neige que j'avais dû abandonner mon scooter et tout faire à pied.

Christophe Gourg
37 ans, facteur depuis 7 ans

FACTE

CHRISTOPHE GOURG
CENTRE COURRIER D ARGELES GA
24 RUE MARECHAL FOCH
65400 ARGELES GAZOST

Casser la glace

Sa poignée de main chaleureuse, l'énergie qu'il dégage et son regard direct en témoignent d'emblée : Christophe Gourg a le sens du contact. Une qualité qu'il a entretenue lorsqu'il travaillait dans l'hôtellerie. Un secteur qu'il a quitté pour La Poste dont un de ses clients lui avait vanté les avantages. En 1999, il devient auxiliaire à Lourdes pendant deux mois et demi, avant d'être nommé à Argelès Gazost. Depuis deux ans, il dispose de sa tournée, au pied de cette bourgade de 3 000 habitants, dans une large plaine entourée de sommets pyrénéens. Une zone en pleine expansion dans laquelle les chantiers de lotissements se multiplient.

Là où Christophe Gourg passe, la morosité trépasse. À son passage, les habitants s'empressent de sortir sur le pas de la porte pour discuter avec lui et échanger quelques blagues. « Tous les matins, c'est comme ça, témoigne Maurice, quatre-vingt-trois ans, on parle du quartier qu'il connaît mieux que moi et surtout on rigole. »

Quand ce ne sont pas ses clients qui viennent à sa rencontre, c'est lui qui vient à eux, comme chez Michel, un ancien facteur qui lui offre un café. « Dans ce métier, on ne peut pas faire plaisir à tout le monde, remarque Michel. Avec le boulot, qu'on a, tous nos clients, on n'a pas le temps de s'arrêter, je sais de quoi je parle ! »

C'est là tout le problème de Christophe. Dès qu'une conversation s'engage, il a du mal à dire non. Lorsqu'il s'agit de Pierre, un retraité d'EDF intarissable sur les facteurs d'autrefois, mieux vaut couper court sous peine de rentrer à la nuit tombée.

Mais voilà, Christophe aime les gens, déployant auprès des jeunes et des moins jeunes son charisme naturel. À tel point que certains en viennent à se méfier : « Il est trop sympa avec les femmes, sourit avec un regard gourmand Maurice l'octogénaire. Alors je surveille la mienne ! »

« Il y avait tellement de neige que j'avais dû abandonner mon scooter et tout faire à pied.

C'était l'hiver dernier. Ce n'était pas évident d'utiliser le Caddie avec ces congères sur le trottoir. Pendant trois jours, j'ai parcouru à pied les 24 kilomètres de ma tournée car il était impossible de circuler en deux-roues et que toutes les voitures de remplacement étaient déjà sur des tournées encore plus difficiles. Parti à 10 h 30, j'ai terminé à 16 h 30. Heureusement, je suis sportif : j'ai longtemps pratiqué le judo, avant de me blesser au

genou. Aujourd'hui, je fais du parapente, du ski et, depuis deux ans, je suis inscrit dans un club de cyclotourisme. Le vélo dans la région, c'est quelque chose : certaines étapes mythiques du Tour de France passent par ici.
Pour éviter aux clients les plus âgés de sortir dans la neige et risquer de tomber, je leur apportais le courrier à domicile. J'en ai également aidé certains à casser la glace devant chez eux. Même sans neige et sans tempête, il m'arrive régulièrement de rendre service, comme passer un petit coup de tondeuse chez Renée, quatre-vingt-trois ans. Du coup, son voisin d'en face, Henri, quatre-vingts ans, m'a demandé si je ne pouvais pas en faire autant chez lui. Les services sont réciproques : Henri travaille le bois et me donne de précieux conseils pour bricoler dans ma maison.
Ce ne sont pas uniquement les plus âgés qui me sollicitent. Dans la petite cité HLM que je distribue, il m'arrive de jouer aux billes, au foot, au judo ou à la corde à sauter avec les enfants. Et l'hiver, place aux batailles de boules de neige !
En conséquence, je me suis fait beaucoup d'amis dans le quartier et ils rivalisent d'attentions à mon égard. À l'occasion de l'anniversaire de sa fille, un de mes clients m'attendait sur le trottoir avec un gâteau au chocolat. Un autre jour, un chasseur m'a appelé pour m'annoncer qu'il avait tué un chevreuil et m'inviter à chercher un gigot le lendemain au cours de la tournée.
Il a pourtant fallu que je fasse mon trou. Félicien, mon prédécesseur, était très apprécié. Après trente ans de tournée, les gens étaient déçus de le voir partir et se demandaient si son remplaçant serait à sa hauteur. Alors j'ai conservé certaines de ses habitudes : effectuer la tournée dans le même sens pour passer chez les clients à la même heure que Félicien, aller chercher le courrier chez les gens, et... prendre un café le matin au Puits fleuri.
Bon d'accord, j'ai le contact facile. Mes amis me disent toujours : "Toi, dès que tu sors, tu dis bonjour à tout le monde." N'empêche qu'il faut aussi être disponible, ne pas passer son temps l'œil rivé sur sa montre à se demander quand on va finir. Et comme le dit un ancien collègue que je dessers : "La base du boulot, c'est la discrétion. Quand tu sors de chez quelqu'un, tu dois oublier ce que tu as entendu. Souviens-toi qu'il faut beaucoup de temps pour gagner la confiance, mais très peu pour la perdre".

”

NCE

CHRISTOPHE GOURG
CENTRE COURRIER D ARGELES GAZOST
24 RUE MARECHAL FOCH
65400 ARGELES GAZOST

CTEURS EN FRANCE
LURE /
(HAUTE SAONE)

Au bureau, mes collègues m'appellent Mère Térésa. Je suis quelqu'un de sensible, je m'attache aux gens.

Martine Martin
52 ans, factrice depuis 17 ans

FACTE

MARTINE MARTIN
CENTRE COURRIER DE LURE
1 RUE DE LA GARE
70200 LURE

On l'appelle Mère Térésa

Entre Vosges et Jura, au pays des mille étangs, Martine Martin porte chaque matin sa bonne humeur comme un étendard. Depuis onze ans, elle distribue le courrier sur deux villages, Melisey et Ternuay. Depuis onze ans, elle ne vit que pour ses petites puces, ses voyous, ses chéris. C'est ainsi qu'elle appelle les anciens, les papys et les mamies de sa tournée. Une affection totale, sans réserve. Elle connaît leurs habitudes, s'alerte au moindre volet resté clos, au chat qui n'est pas sorti, aux mille petits signes qui pourraient indiquer un désordre dans la vie bien rangée des habitants de Melissay et de Ternuay.

Dans ce pays, tout le monde se connaît, mais personne ne connaît tout le monde aussi bien que Martine. Chez chacun, elle entre, s'assoit, s'inquiète du déjeuner, de ce qu'ils vont manger, les encourage à faire des efforts...

Tout au long des 80 kilomètres de sa tournée, elle ne cesse de prendre soin de ses protégés. En hiver, elle redouble de vigilance. Dans cette région, les fermes sont isolées au milieu des bois. Dans chaque clairière, une cheminée fume et, parfois, quinze stères de bois ne suffisent pas à passer la mauvaise saison. Une bonne moitié de son trajet passe par des chemins de terre tortueux, vissés en pleine forêt. Quand la neige tombe, Martine ouvre la route. C'est elle qui passe la première, les chemins sont trop étroits. Si les conditions sont vraiment trop mauvaises, alors elle laisse sa Clio sur le chemin et finit à pied. Pas question de ne pas visiter une des puces chéries, de ne pas lui apporter le pain, des médicaments et sans doute plus encore, de ne pas lui donner cette bouffée d'humanité qui aide à vivre. Non, pas question !

« Au bureau, mes collègues m'appellent Mère Térésa. Je suis quelqu'un de sensible, je m'attache aux gens.

Ils font vraiment partie de ma vie. Pour ces personnes loin de tout, je peux déployer beaucoup d'énergie. Quand la neige arrive, je ne monte plus à la ferme en voiture. Je fais le trajet à pied. Une demi-heure à l'aller, une demi-heure au retour. Une heure en tout pour une lettre et ça deux à trois mois dans l'année. C'est mon habitude depuis mon aventure il y a trois ou quatre hivers. Comme la neige était particulièrement abondante, j'avais chaîné les roues de la voiture comme je le fais toujours sur la partie la plus montagneuse de ma tournée. J'ai réussi à atteindre la ferme, mais au retour, au plus fort de la pente, la voiture a commencé à chasser par l'arrière. Je ne pouvais rien faire, lentement je glissais vers la forêt. Un arbre a arrêté ma course. Je suis sortie de ma voiture et j'ai réussi à retourner à la ferme. Avec le tracteur, on a réussi à sortir ma voiture et j'ai pu rentrer au centre courrier.

Mais, que voulez-vous, si j'en ai un qui est malade, je ne peux pas m'empêcher de m'inquiéter pour lui. De toute façon, le matin, quand vous entrez chez eux, vous voyez tout de suite s'il y a quelque chose qui cloche. Et puis, d'ailleurs, ils vous le disent... L'autre jour, une de mes petites mamies n'avait pas l'air bien du tout, j'ai appelé le médecin et sa famille et je suis restée jusqu'à ce que tout le monde soit là. Ces personnes seules ont besoin qu'on les écoute, elles n'ont pas beaucoup l'occasion de parler. Quand je prends des vacances, il faut que je les prévienne avant, sinon elles aussi s'inquiètent pour moi. Même si un jour on déplace la boîte aux lettres pour la poser au bas du chemin, je continuerais à monter pour voir si tout va bien. Personne ne m'empêchera de faire ça !

Mais les gens me le rendent bien. Je sais aussi que je compte pour eux. Ils sont si gentils, tous me proposent de prendre le café, de goûter leurs gâteaux. Je n'ai pas besoin de faire un jardin avec tous les paniers qu'ils me donnent : rhubarbe, pommes de terre nouvelles, fraises, cerises, pot de miel...

”

CENTRE COURRIER DE LURE
1 RUE DE LA GARE
70200 LURE

CTEURS EN FRANCE

RIVE DE GIER /
(LOIRE)

Si tu ne tends pas la main, personne ne te la serrera jamais. Cette philosophie m'a toujours guidé.

Blaise Beziane
48 ans, facteur depuis 24 ans

FACT

BLAISE BEZIANE
CENTRE COURRIER DE RIVE DE G
11 COURS GAMBETTA
42800 RIVE DE GIER

La tournée des copains

Blaise Beziane est un pur produit de la Méditerranée. Il suffit de l'accompagner sur sa tournée, à Saint-Joseph, village qui surplombe Rive-de-Gier, non loin de Saint-Étienne, pour se rendre compte à quel point ses origines sont restées vivaces. Le verbe haut, les yeux pétillants, joignant les gestes à la parole, Blaise a la « tchatche ». Ce personnage haut en couleur lance des « salut ! » sonores à qui mieux mieux, klaxonne pour signaler son arrivée dans une cour de ferme, crie pour se faire entendre d'un client au fond de son jardin, apostrophe une dame penchée à sa fenêtre pour lui lancer sa liasse de courriers… « À l'américaine », précise-t-il.

Ailleurs, il la joue plus romantique – « à l'italienne » – en posant dans un panier les lettres qui seront remontées par leur destinataire grâce à un ingénieux système de poulies. Puis, à La Brunetière, il demande au vieux Joseph des nouvelles de ses haricots, propose à Maurice un coup de main pour sortir ses bacs à fleurs, indique à Michel qu'un nid de guêpes est en train de s'installer dans sa boîte. Un client croisé sur la route ? Le voilà farfouillant à l'arrière de sa voiture pour dénicher son courrier au milieu de ses liasses.

Véritable figure du pays, Blaise ne rate jamais une fête des vendanges, est invariablement invité quand on tue le cochon, assiste aux baptêmes comme aux enterrements. Une popularité qui doit beaucoup à sa nature débordante, mais aussi à son goût du service et du travail bien fait. Son métier n'est pas toute sa vie, loin s'en faut. Mais après vingt-deux ans à Rive-de-Gier, les deux sont à ce point entremêlés que la distribution de courrier s'apparente à la tournée des copains.

“Si tu ne tends pas la main, personne ne te la serrera jamais. Cette philosophie m'a toujours guidé.

Cela semble une évidence, mais les gens l'oublient trop souvent. On ne peut pas vivre ensemble si on n'est pas capable d'aller vers l'autre, d'oublier les différences, de se parler, de faire preuve d'un minimum de solidarité. J'en suis d'autant plus convaincu que ce sont des aspects essentiels de mon travail. Facteur, c'est un beau métier. Mais pour faire correctement son boulot, il faut être capable d'établir le contact, d'échanger, d'être à l'écoute, de se mettre vraiment au service des clients. Cela fait treize ans que j'assure cette tournée. Autant dire que je connais tout le monde, et vice versa. Avec le temps, mes clients sont devenus des copains. Je m'arrête souvent, on discute, on se donne des nouvelles. Comme je suis très impliqué dans la vie associative locale – notamment en tant que vice-président du FC Genilac, le club de foot de mon village –, j'en profite pour faire un peu de publicité, annoncer la date d'un prochain tournoi, parler de nos matchs... Je me fais aussi le relais d'autres associations. C'est important pour faire vivre nos villages. Ma tournée me donne également l'occasion de faire mon marché : j'achète tous mes produits chez les agriculteurs du coin : du lait, des œufs, de la viande, des fruits, des légumes, etc. D'un côté, je m'approvisionne, de l'autre, ça entretient les relations.

Je n'oublie pas les aspects professionnels, bien au contraire. Entretenir de bons rapports avec les gens permet de leur apporter un meilleur service. Ils savent, par exemple, que j'ai toujours à disposition des timbres ou des enveloppes prépayées. Que je suis prêt à prendre leur courrier pour le peser et l'affranchir s'ils n'ont pas le temps de descendre au bureau de Poste. Assurer le service public, auquel je suis très attaché, n'empêche pas de gagner de l'argent. La seule chose que je fais moins, ce sont les calendriers. Tu entres pour cinq minutes, tu bois un coup, tu manges, tu finis par t'asseoir pour regarder la télé et tu ressors à minuit. Ce n'était plus possible, c'était trop long.

”

NCE

CENTRE COURRIER DE RIVE DE GIER
11 COURS GAMBETTA
42800 RIVE DE GIER

DANJOUTIN /
(TERRITOIRE DE BELFORT)

Quand j'ai annoncé que je changeais de tournée, des gens ont pleuré. Je ne savais pas quoi dire.

Sylvie Besançon
40 ans, factrice depuis 20 ans

FACTE

SYLVIE BESANCON
CENTRE COURRIER DE DANJOUT
15 PLACE DE L EUROPE
90400 DANJOUTIN

Le territoire de Sylvie

Ici ce n'est pas un pays, c'est un territoire ! Au-dessus de Belfort, se découpent les murs de la citadelle Vauban. En 1870, assiégée par les armées prussiennes, la ville résista tant et si bien qu'elle mérita de rester dans le giron de Marianne... Belfort prit alors son essor et se dessina un territoire à sa mesure, dont elle devint la capitale. Un territoire qui marque ses frontières, Belfort n'est plus alsacienne, ne sera jamais jurassienne et encore moins suisse. L'histoire vous forge un caractère et les Belfortains sont attachés à leur terre, belle et forte... Sylvie Besançon ne fait pas exception. Elle aurait d'ailleurs bien aimé reprendre la ferme familiale. Mais le domaine était destiné à son frère. « C'est macho l'agriculture », sourit Sylvie. N'allez pas croire qu'elle ressasse cette envie d'enfance. Du tout. Sylvie construira son avenir toute seule. Le bac en poche, elle passe le concours de facteur. Et c'est à la capitale qu'elle commence sa carrière, dans le 10e arrondissement. Même un accident de triporteur et six points de suture, récoltés à 8 heures du matin pendant une tournée, ne lui font pas regretter les trois années passées à Paris. « Dans l'ambulance, je leur disais que je voulais être le soir même à Montbéliard, pour les soixante-dix ans de mon grand-père. » Elle ne rata pas la fête. Passé trois années, l'air du pays lui manqua : « Vous savez, moi j'ai besoin de voir des vaches dans les champs. » Entre Alsace et Jura, sur son territoire de Belfort, elle retrouve ses racines. Après quinze ans de tournées dans les petits villages, elle passe le concours de facteur de secteur. Elle arrive première de tous les candidats de Franche-Comté. Sylvie continue de bâtir son avenir, dans cinq ou six ans, elle se voit bien chef d'équipe. C'est sûr, il n'y a pas que la ferme dans la vie...

« Quand j'ai annoncé que je changeais de tournée, des gens ont pleuré. Je ne savais pas quoi dire.

Ça fait drôle. Certains m'ont fait des cadeaux. J'ai eu des boîtes de chocolat, une dame m'a offert un cadre avec des fleurs séchées qu'elle avait fait elle-même, un monsieur m'a donné un tableau qu'il avait peint. C'était touchant, émouvant. Les tournées n'ont jamais été aussi longues, je restais à discuter chez les gens, je

rentrais vers 16 heures. Là, j'ai vraiment compris que mon travail était reconnu, que je comptais pour mes clients. Pour moi aussi, ça n'a pas été simple, on s'attache. Je pense particulièrement à une dame que je voyais souvent et avec qui je parlais, elle était seule, ses petits-enfants étaient loin. On s'entendait bien. Mais, c'est vrai qu'il y avait aussi une lassitude, j'avais envie de changer.
Pourtant, quand je suis revenue dans ma région, je me suis dit : "ça ne va pas être facile". On m'a mis sur une tournée de quatre villages alsaciens. Je ne parle pas la langue et je pensais que c'était un obstacle. Je ne peux pas nier que les gens ont été très froids au début. Et puis, à force de rendre de petits services, de parler avec eux, même si c'était en français, ils se sont détendus. Il fallait même que je résiste aux nombreuses invitations à boire le café schnaps. Le café d'accord, mais le schnaps... Je l'ai faite pendant onze ans cette tournée. On a le temps de voir grandir les enfants. Pendant quatre ans, j'ai fait une nouvelle tournée, puis mon directeur de centre courrier m'a proposé un rôle d'animation à Bavilliers, qui dépend du centre courrier de Danjoutin. C'est un bureau de huit facteurs et j'ai été chargée d'animer le travail réalisé sur place, de faire en sorte que les procédures qualité soient bien respectées. Je commence mes journées à Bavilliers puis je reviens au centre courrier de Danjoutin. Les messages ne sont pas toujours faciles à faire passer. Avant, j'étais à l'écoute des gens sur ma tournée ; aujourd'hui, je suis à l'écoute de mes facteurs. Ce pilotage à distance est une expérience nouvelle qui a été initiée dans notre région et qui aujourd'hui se généralise en France. D'ailleurs, en juin dernier, j'ai été désignée pour présenter notre organisation quand le président de La Poste est venu à Mulhouse. J'ai préparé mon intervention avec un journaliste qui animait les débats. On s'est vu trois fois avant le grand jour. Et ça s'est très bien passé. »

NCE

CENTRE COURRIER DE DANJOUTIN
15 PLACE DE L EUROPE
90400 DANJOUTIN

CTEURS EN FRANCE

SECONDIGNY /
(DEUX SEVRES)

On dit des anciens qu'ils ont une tête en granit ! C'est parfois impossible de leur faire entendre raison.

Christian Chatelier
43 ans, facteur depuis 23 ans

FACTE

CHRISTIAN CHATELIER
CENTRE COURRIER DE SECONDI
ZA DE BELLEVUE
79130 SECONDIGNY

Terres de granit

Dans la capitale de la pomme, avoir la pêche n'est pas forcément mal vu. C'est même une qualité nécessaire pour une tournée de plus de 100 kilomètres, qui se prolonge parfois au-delà de 15 heures. Avec ses vingt-trois années de métier, Christian Chatelier en a vu d'autres. Il a consacré toute sa vie de travail à La Poste où il est entré sur concours en 1981. Après un service militaire dans la Marine, il intègre un autre grand corps, celui des facteurs, qu'il ne quittera plus. Un passage de trois ans à Paris dans le centre de Tolbiac puis c'est le retour dans ses terres natales. Pendant dix-huit ans, il dessert Saint-Aubin-le-Cloud, le village où il s'est installé avec sa famille, avant de changer en 2004 pour cette tournée pharaonique de Fénéry. Malgré les distances, tout le monde le connaît et apprécie son contact. Christian Chatelier tient à rester proche de ses clients, à assurer ce qu'il appelle le service traditionnel : glisser le courrier dans les boîtes en l'accompagnant d'un petit mot ou d'une gentille attention. Jusqu'à présent, personne ne s'en est jamais plaint. Même si l'un de ses nombreux clients anglais, un farceur, avoue lui préférer une de ses collègues, une jolie brune qui lui a tapé dans l'œil !

« On dit des anciens qu'ils ont une tête en granit ! C'est parfois impossible de leur faire entendre raison.

L'un de mes clients âgés, un homme seul, ne ramassait plus son courrier. J'ai averti sa famille qui a pu le sauver à temps : le pauvre homme s'était laissé aller, ne voulant rien savoir. Moi aussi, j'ai un peu de granit dans le crâne... Comme le sous-sol de la région qui en est truffé. Fénéry, c'est la principale tournée de la Gâtine. La terre y est gâtée, pourrie, et impropre à la culture car la roche empêche l'eau de s'infiltrer et inonde les terres qui se transforment en marais. Mais ce réservoir d'eau est une aubaine pour les éleveurs dont les terres grasses profitent au bétail. Il vaut mieux aimer l'eau quand on habite ici. Quand les rayons du soleil frappent la terre tachetée d'étangs, celle-ci scintille de mille feux.

Ma tournée compte de nombreux éleveurs, ovins et bovins, dont la fameuse race parthenaise. En plus des lettres, je leur apporte leur abonnement aux revues agricoles. Pas mal de retraités vivent aussi dans la région et je leur apporte la presse locale. C'est à eux que je consacre la majeure partie de mon temps. Comme à une grand-mère atteinte de sclérose à qui je remets le courrier en mains propres. C'est vrai que cet aspect de notre travail devient plus délicat mais je préfère prendre sur mon temps plutôt que d'ignorer les clients. Bien sûr, il y a parfois des coups durs : une cliente s'était retournée avec sa petite voiture électrique, heureusement sans se blesser gravement. Je suis passé au bon moment pour l'aider à s'en extirper.

En général, mes clients sont des gens sans problèmes, heureux de vivre ici. La preuve, on vient d'outre-Manche pour s'y installer. De plus en plus d'Anglais retapent de vieilles fermes. Il faut croire que le granit les attire eux aussi. Cela me profite et j'améliore mon anglais. Certains sont devenus des amis. Il y a de la place pour tout le monde et quelques vieux manoirs et châteaux à l'abandon attendent repreneur. Mais pas tous : le château du Theil est encore habité par le baron de Baulny, un de mes clients.

En plus de vingt ans de métier, j'ai vu évoluer La Poste. En 2004, un centre courrier flambant neuf a été créé à Secondigny. Il est situé un peu à l'écart de la ville, au milieu des champs de pommiers. D'un côté, le tri avant la tournée se passe dans de meilleures conditions. D'un autre côté, les tournées sont de plus en plus chargées. Cette transition n'est pas toujours facile à vivre. Mais tant que je travaillerai pour La Poste, le client restera ma priorité. »

CTEURS EN FRANCE
DIJON /
(COTE D'OR)

Je suis entrée à La Poste par hasard. Un boulot d'été comme guichetière au bureau de Saint-Jean-de-Losne.

Stéphanie Muzeau
30 ans, factrice depuis 4 ans

FACTE

CENTRE COURRIER DE DIJON
1 BIS RUE CLEMENT DESORMES
BP 17421
21074 DIJON CEDEX

Rêve de campagne

Stéphanie Muzeau rêve de renouer les fils entre son présent de factrice et son enfance à Saint-Jean-de-Losne, petite bourgade de la Côte-d'Or. Non pas qu'elle se déplaise à Dijon, où elle travaille depuis maintenant quatre ans. Mais cette jeune femme un brin nostalgique se sent plus factrice des champs que factrice des villes. Question de proximité avec les gens, d'authenticité des rapports humains, de qualité de vie aussi. Alors, quitte à sillonner des petites routes de campagne pour distribuer le courrier, elle préférerait autant celles du village qui l'a vue grandir. Si ce n'est pas une vocation, ça y ressemble diablement.

Plutôt paradoxal quand on sait que La Poste n'était pas son premier choix mais une alternative au chômage que lui promettait son BTS d'assistante de direction. Elle y a trouvé un métier qui lui plaît, ainsi que son conjoint, David – confirmant la réputation de La Poste d'être « la plus grande agence matrimoniale de France ». Aujourd'hui, en tout cas, il ne lui viendrait pas à l'idée d'échanger sa place contre un travail de bureau, rivée derrière un ordinateur, avec un patron en permanence sur le dos. En attendant que son rêve bucolique se réalise, elle fait de son mieux pour préserver ce que l'anonymat des grandes villes s'ingénie à faire disparaître : le dialogue, la solidarité, le lien social, le sens du service... La jeune factrice ne compte pas son temps dès lors qu'il s'agit de rompre la solitude des personnes âgées, d'écouter les malheurs des uns ou de donner un coup de main aux autres.

« Je suis entrée à La Poste par hasard. Un boulot d'été comme guichetière au bureau de Saint-Jean-de-Losne,

là où j'habitais. J'ai adoré. L'ambiance, les casse-croûte avec les collègues qui partaient ensuite en tournée, l'entraide quand quelqu'un était enfoncé, la cordialité des rapports avec les clients. J'ai fait ça deux années de suite, en 1998 et 1999... Ça m'a donné envie de passer le concours. Peut-être que le facteur de mon enfance m'a aussi poussée inconsciemment vers ce métier. Je me rappelle encore quand, toute petite, j'ai crié à mes parents : "C'est drôle, le Père Noël s'est déguisé en facteur ! Le facteur de mon village faisait chaque année le Père Noël pour les enfants de l'école et, comme je le connaissais bien, j'avais reconnu ses chaussures sous son costume. Ça m'a un peu embrouillée... Il arrivait en klaxonnant avec sa mobylette, je sortais en courant de la maison, c'était un mini événement quotidien. En tout cas, j'ai toujours eu – comme bon nombre de Français, je pense – une image très positive du facteur.

Après deux ans et demi à Nanterre, je me suis retrouvée à Dijon en mars 2002. Depuis, je suis factrice remplaçante. C'est un peu casse-pieds de changer de tournée chaque semaine. Bien sûr, notre métier consiste avant tout à distribuer le courrier. Mais moi, ce que j'aime, c'est le contact, discuter avec les gens, leur rendre service. Pas facile quand on est un éternel remplaçant, de surcroît sur des tournées urbaines.

Heureusement, comme je suis rouleur de cycle – neuf tournées en rotation hebdomadaire – je commence à connaître un peu les clients. Il y a cette dame, par exemple – je l'appelle ma p'tite mamie –, à qui je monte son courrier. Petit à petit, une relation s'est créée. Elle m'appelle par mon prénom et, comme elle ne voit plus très bien, elle me demande de lui dire ce qu'elle a reçu. Régulièrement, je lui débouche ses bocaux parce qu'elle n'a plus la force de les ouvrir. Un jour, j'ai aussi passé un bon moment avec elle pour régler un problème avec son téléphone.

Sur les neuf tournées que j'assure, j'ai repéré quelques autres dames âgées. Quand elles ont besoin de nous, elles laissent une pince à linge ou un petit mot sur leur boîte aux lettres. Je monte les voir, on parle un moment, elles me demandent de menus services : retirer de l'argent de leur compte postal ou emmener une lettre à peser et à affranchir. Mais le problème de la ville, c'est de ne pas voir grand monde à part les personnes âgées. Les gens sont stressés, toujours pressés. C'est pour cette raison que j'ai envie de revenir à mes premières amours : à la campagne, les relations sont vraiment différentes, plus vraies. "

STEPHANIE MUZEAU
CENTRE COURRIER DE DIJON
1 BIS RUE CLEMENT DESORMES
BP 17421
21074 DIJON CEDEX

51 FACTEURS EN FRANCE

FACTEURS EN FRANCE

CTEURS EN FRANCE

CHAMONIX /
(HAUTE SAVOIE)

57 FACTEURS EN FRAN

Il m'arrive d'aller chercher du pain et de revenir chez moi deux heures après.

Delphine Frenneaux
33 ans, factrice depuis 5 ans

FACTE

DELPHINE FRENNEAUX
CENTRE COURRIER DE CHAMONI
89 PLACE BALMAT
74400 CHAMONIX

La gazelle

Delphine Frenneaux est une star. Attention, pas de celles qui recherchent à tout prix la célébrité, façon Star Ac' ou Koh Lantah. Elle s'en défend d'ailleurs, évoque la chance, assure qu'elle est toujours la même... Il n'empêche. Depuis qu'elle a remporté la 16e édition du rallye des Gazelles dans la catégorie voitures avec sa collègue Alexandra Hetz, rien n'est plus tout à fait comme avant. Au sein de La Poste, d'abord, où leur victoire dans cette course d'orientation au cœur du Sud marocain en a fait des symboles d'une entreprise qui en veut et qui se bat. En Haute-Savoie, où l'exploit a fait les gros titres de toute la presse régionale, sans parler de l'impressionnante couverture à l'échelle nationale. À Servoz, enfin, où les habitants considèrent forcément leur factrice autrement.

S'excusant presque, elle reconnaît qu'elle a eu droit à « plein d'articles ». Que depuis son retour, en avril dernier, elle a été surprise par l'avalanche d'e-mails adressés par ses collègues de toute la France. Et que sa victoire a fait la fierté de son village, où « 99 % de ses clients lui reparlent régulièrement de son aventure ». Sans doute n'avait-elle pas besoin de cet exploit pour être appréciée. D'un naturel enjoué, le sourire en bandoulière, Delphine a le goût du contact communicatif. En cinq ans de tournée, cette native des Ardennes a su se faire adopter par les habitants de cette commune rurale de Servoz, à quelques kilomètres de Chamonix. Alors, disons qu'à Servoz, sa victoire n'a rien changé. Sauf un détail : dans ce pays plus habitué aux chamois et aux bouquetins, tous ses clients l'appellent désormais « la Gazelle ».

« Il m'arrive d'aller chercher du pain et de revenir chez moi deux heures après.

Pourtant ça ne devrait me prendre que cinq minutes. Vivre et travailler au même endroit présente pas mal d'avantages et parfois de petits inconvénients. Il est vrai qu'étant d'un tempérament plutôt jovial, on n'a pas besoin de me "titiller" longtemps pour engager la conversation.

J'ai pas mal bourlingué avant d'entrer à La Poste. Après avoir passé le concours, en 2001, j'ai été nommée au bureau des Houches. Je me suis dit qu'il était temps de poser mon sac, et j'ai décidé de le faire à Servoz, le village où j'effectue ma tournée. Depuis que je suis factrice ici, je suis comblée. Je suis tombée amoureuse de ces montagnes, j'ai une super tournée, mes clients sont sympas. Que demander de plus ? Je connais bien les gens, et cette proximité entraîne forcément des rapports plus riches. Les habitants ne sont pas seulement mes clients, je les côtoie au quotidien, et bon nombre sont devenus mes amis. Cela donne une autre dimension à mon métier. Durant le rallye, j'ai vraiment senti que toute la population était derrière moi. Juste avant mon départ, certains de mes clients avaient eu l'idée de monter un QG dans un bar-restaurant du village La Sauvageonne *où les habitants venaient suivre chaque jour notre progression. C'est une initiative qui m'a beaucoup touchée. À mon retour, les gens étaient très enthousiastes, sincèrement heureux de notre victoire. En tout cas, tout le monde m'en a parlé, les enfants comme les personnes âgées. La Poste a organisé une petite fête et l'a fait dans le même bar, au QG de la Gazelle de Servoz, comme un clin d'œil à cette mobilisation spontanée. J'ai pu inviter ma famille, mes amis, les collègues des Houches et de Chamonix. C'était génial !*

J'ai encore du mal à y croire. Remporter la course, c'était la cerise sur le gâteau. Le fait de pouvoir y participer était déjà extraordinaire. En tout cas, dans une entreprise qui compte 52 % de femmes, engager des équipages dans une compétition 100 % féminine – c'est assez rare pour être souligné – crée de l'émulation entre postières. Nous étions six cents candidates pour douze places ! J'ai eu de la chance d'être sélectionnée. C'est après cette première phase que j'ai rencontré ma coéquipière, Alexandra, qui est organisatrice au groupement courrier de Metz. C'est elle qui a assuré avec brio le rôle de copilote, une mission essentielle car le but n'est pas d'aller vite mais de rallier l'arrivée le plus directement possible. Et sans GPS, tout à la carte et à la boussole ! Moi, j'ai pris le volant. Normal : facteur, il n'y a pas de meilleure école pour apprendre à conduire. »

CE

CENTRE COURRIER DE CHAMONIX
89 PLACE BALMAT
74400 CHAMONIX

CTEURS EN FRANCE

GUISE /
(AISNE)

Ce qui compte, c'est ma tournée et les gens qui y habitent encore.

Éric Willemain
45 ans, facteur depuis 23 ans

ERIC WILLEMAIN
CENTRE COURRIER DE GUISE
114 RUE JEAN MONET
02120 GUISE

Au palais de l'utopie

Pour prendre en défaut la modestie d'Éric Willemain, on repassera. « Kiki », pour ses collègues et ceux qui le veulent bien, n'est pas du genre à astiquer son auréole de fabricant du lien social. Depuis vingt-trois ans qu'il sillonne les rues en brique de Guise, ville industrielle du nord-est de la Picardie nichée dans les bocages de la Thiérache, au bord de l'Oise, il a vu disparaître progressivement toute une population ouvrière et se déliter les rapports humains, souvent malmenés par la précarité économique. Emblématique d'une société qui se cherche, entre mémoire industrieuse et avenir qui s'improvise, le familistère de Guise est un des terrains d'action d'Éric. Ce « palais social », véritable ville dans la ville, fut édifié dans la seconde moitié du XIXe siècle par Jean-Baptiste André Godin pour y loger les familles d'ouvriers et pourvoir à tous les besoins, sanitaires, sociaux, culturels, dont on pouvait rêver à l'époque. Cet entrepreneur en poêles en fonte s'est inspiré des idées de Charles Fourier, le théoricien des phalanstères, ces communautés ouvrières de travail et de vie. Ainsi sont nées d'étonnantes constructions abritant des appartements autour d'une grande cour intérieure, que distribuent des coursives et que chapeautent des toits de verre soutenus par des structures de métal. Touriste ou habitant ne regardent pas du même œil ces superbes ensembles protégés, même si beaucoup de locataires y sont viscéralement attachés. Comme chez lui dans ce dédale de pierre et de brique bourré d'anfractuosités, ponctué de quelques plaques de bronze invitant Dieu à protéger les hommes, Kiki déniche toutes les boîtes aux lettres, certaines confinées sous les combles. Il sait où trouver les interrupteurs, éviter les carreaux branlants des coursives, se faufiler entre câbles et étais qui s'ennuient en attendant la rénovation. Dans ces vestiges précieux, Éric promène sa démarche chaloupée de motard, sa douceur mélancolique et sa mémoire plastique. Il distribue avec une très discrète empathie les recommandés, qui n'annoncent pas toujours du bon. Et les vieilles voisines, attendant chaque jour Kiki, trottinent dans les coursives qui résonnent des pas de rares habitants d'aujourd'hui.

« Ce qui compte, c'est ma tournée et les gens qui y habitent encore.

Ici, il faut savoir s'adapter, donner un coup de main ou laisser en paix si on sent un malaise à la remise d'un recommandé. J'ai appris aussi à alterner le silence et la parole. Dans l'aile droite du familistère, par exemple, il m'arrive de parcourir un seul versant de coursive, l'autre est déserté. Mais je croise chaque jour avec plaisir des vieux habitants. Ce sont des Kabyles, des anciens employés de chez Godin. En fait, ils viennent tous du même patelin d'Algérie. Ils étaient partis pour la France et se sont retrouvés non seulement dans la même ville mais en plus dans le familistère. Difficile de faire plus proche, quand on a fait des milliers de kilomètres pour venir! Ici, c'est une tournée spéciale. Avant, les gens qui habitaient le familistère étaient considérés comme des privilégiés: ils disposaient du confort moderne. Ils ont été les premiers à bénéficier d'eau chaude, apportée directement depuis les fours de l'usine Godin. Le familistère comptait un lavoir-piscine, des écoles, une pouponnière, un jardin, un théâtre... En revanche, dans les années 1980, ce sont des familles socialement défavorisées qui se sont installées et il pouvait y avoir du grabuge à l'occasion. Les gendarmes devenaient fous à courser les gamins qui connaissaient chaque recoin du bâti. Aujourd'hui, avec la rénovation en cours, on est à nouveau en pleine transition. Vers quoi? Je ne sais qu'une seule chose: je suis toujours là, je suis toujours le facteur...

Et puis, le facteur, c'est le courrier mais c'est aussi tout ce qui n'est pas écrit. Les conversations, les habitudes, les amis que l'on perd aussi, celui-là, que j'aimais beaucoup, fauché par un cancer en quelques mois. C'est le café que je prends chaque matin avec Simone, dans l'aile gauche. Il y a toujours deux ou trois de ses copines qui sont là, qui sont nées ici et ne sont jamais parties. En sirotant notre café (Simone en prépare pour quinze), j'affranchis une lettre, je répare un combiné cassé et je papote avec elles avant l'arrivée du marchand de pommes ambulant. Être facteur, c'est aussi les incroyables fous rires avec les copains avant de partir en tournée, et le souvenir de Lucien, une figure maintenant à la retraite. Il lui arrivait de faire office de pédicure pour un vieillard, en lui préconisant la veille de prendre un bain de pieds!

On voyage en étant facteur. Dans la tête. Peut-être un jour, je prendrais la route avec mon side-car pour aller jusqu'en Turquie, des souvenirs du coin? de mon coin? plein la tête. Qui sait?

CENTRE COURRIER DE GUISE
114 RUE JEAN MONET
02120 GUISE

CTEURS EN FRANCE

FAVERGES /
(HAUTE SAVOIE)

Je ne conçois pas que les gens puissent faire la tronche ou qu'ils soient malheureux.

Isabelle Lonni

44 ans, factrice depuis 23 ans

FACTE

ISABELLE LONNI
CENTRE COURRIER DE FAVERGES
RUE ASGHIL FAURE
74210 FAVERGES

La frileuse au grand cœur

À quatorze ans, Isabelle Lonni savait déjà qu'elle serait factrice. Une envie irrépressible, comme d'autres rêvent d'être pompier, vétérinaire ou pilote de F 1. Elle ne cherche pas à l'expliquer. Se souvient juste que, gamine, elle se précipitait chercher le courrier en entendant arriver Antoine, le facteur. En juin 1983, son concours en poche, elle est nommée à Paris. Après cinq ans au centre de la rue Rodier, dans le 9e arrondissement, Isabelle n'espérait qu'une chose : rentrer chez elle. Le hasard oubliera sa Yonne natale pour l'amener sur les bords du lac d'Annecy, à Faverges. « En arrivant ici, ça m'a fait drôle. Un grand village de 8 000 habitants, les montagnes, la nature sauvage, je découvrais en écarquillant les yeux. J'ai l'impression d'être en permanence en vacances. Et les rapports humains sont tellement plus riches. » Riches comme les viennoiseries de Marcolina, la mamma italienne qui ne la laisse jamais repartir avant qu'elle ait terminé son pain au chocolat et son café. Ou comme les petites douceurs du père Jean, qui concocte à son intention des tartes, des bugnes à la confiture de griottes ou des beignets de patate. Car si Isabelle s'est entichée de sa région d'adoption, la réciproque est vraie. Pas avare de son temps, il faut dire qu'elle aime plus que tout rendre de menus services dès qu'elle en a l'occasion. Et puis parler, discuter, bavarder, papoter. Surtout avec « ses p'tits vieux » dont plus personne n'a le temps de s'occuper et avec qui elle partage chaque jour sa joie de vivre ici.

“Je ne conçois pas que les gens puissent faire la tronche ou qu'ils soient malheureux.

Même les grincheux, j'arrive à les faire rire. C'est ma nature. Je me sers de mon métier pour leur redonner le sourire. Ça passe par des choses toutes bêtes : être simplement de bonne humeur, s'arrêter pour prendre des nouvelles, rendre service. Régulièrement, des clients appellent La Poste pour demander si le facteur peut leur apporter des timbres, de l'argent de leur CCP, des médicaments... Je m'arrange toujours pour le faire. Comme je suis sur la même tournée depuis seize ans et demi, mes clients ont fini par devenir posses-

sifs. Leur hantise serait qu'on leur change "leur" factrice. En même temps, ça fait plaisir, c'est la preuve qu'ils apprécient la façon dont je fais mon travail.

Quand je suis arrivée ici, j'effectuais ma tournée en mobylette. La première année, j'en ai chialé tellement j'avais froid. À force, je m'y suis habituée mais, certains hivers, il m'est arrivé de poser les mains sur le moteur pour les réchauffer. Les gens, en me voyant arriver toute grelottante, étaient aux petits soins. Ils m'offraient une boisson chaude, des trucs à manger, insistaient pour que je me repose un moment. C'est comme ça que sont nées les relations privilégiées que j'entretiens avec certains. Maintenant, on papote à chaque fois qu'on se voit, j'écoute les histoires et les petits malheurs de chacun, je fais la conversation aux plus âgés. Pour moi, ça fait partie du métier. Évidemment, on peut dire que je perds du temps. Moi, je considère que ce n'est pas du temps perdu, au contraire. Le jour où nous ne pourrons plus faire ça, nous ne serons plus des facteurs.

Les personnes âgées, par exemple, je passe toujours les voir. Même quand je n'ai pas de courrier pour elles. J'en profite pour leur remettre une bûche dans le feu ou changer une ampoule – ils ont passé l'âge de faire des acrobaties ! Ils sont heureux de me voir arriver. Juliette, par exemple, me raconte l'état d'avancement de ses mémoires. À quatre-vingt-douze ans, elle pète encore la forme et vient jusqu'au portail récupérer son courrier. Sauf quand il y a de la neige, je lui apporte chez elle pour lui éviter une mauvaise chute. C'est un peu la même chose avec l'un de mes clients handicapés, un ancien militaire qui a vraiment du mal à marcher.

Les gens continuent à m'inviter chez eux "pour me réchauffer" bien que je fasse ma tournée en voiture depuis quelques années. Je me souviens, comme si c'était hier, de la grand-mère qui tenait le Vieux Café. *Elle m'accueillait chaque jour pour prendre un café, avec son chiffon sur la tête et ses fers à repasser sur le fourneau. Mon rêve, si j'avais des sous, ce serait de racheter le château de Faverges, une vieille bâtisse transformée en hôtel. J'y installerai tous mes p'tits vieux…*

"

ISABELLE LONNI
CENTRE COURRIER DE FAVERGES
RUE ASGHIL FAURE
74210 FAVERGES

57 FACTEURS EN FRANCE

PRADES /
(CORSE DU SUD)

Ici, tout se fait, mais d'une autre façon qu'ailleurs.

Serge Doumalin
50 ans, facteur depuis 25 ans

FACTE
CENTRE COURRIER DE PORTO VECC
AVENUE DU GENERAL BOISSOUD
20538 PORTO VECCHIO CEDEX

Le pinzute breton

Si Serge Doumalin s'entend bien avec les Corses, c'est qu'il est breton. Même amour de la région et même esprit du large. De quoi rendre sans doute rugueux au premier abord, de quoi aussi forger un caractère entier mais capable d'une générosité sans pareil. Né en banlieue parisienne, ce charcutier-traiteur de formation délaisse une profession phagocytant son temps libre pour passer le concours de facteur en 1981. Il apprend le métier au Kremlin-Bicêtre pendant neuf ans puis demande à revenir dans la Bretagne de ses parents. Son affectation prend plus de temps que prévu et, grâce au hasard des rencontres, on finit par lui proposer l'île de Beauté. À une époque charnière de sa vie privée, il réfléchit, finit par accepter et sept mois plus tard franchit le cap... Corse. Le voilà arrivé à Porto-Vecchio, dans une île aussi exubérante que les préjugés envers sa population. La douceur du climat et la chaleur de ses habitants le conquièrent et il ne tarde pas à se faire une place au soleil. Depuis, les Corses ont adopté ce *pinzute* (étranger) pour en faire un des leurs. Après un an en tant que remplaçant, il s'occupe depuis maintenant seize ans de la tournée de l'Ospédale.

“ Ici, tout se fait, mais d'une autre façon qu'ailleurs.

Mes clients habitent là depuis toujours. Les anciens disent que, dans le temps, les habitants montaient chercher la fraîcheur en montagne quand la chaleur et les moustiques devenaient insupportables sur la côte. C'est de là que viendrait le nom de l'Ospédale, qui veut dire hôpital en corse. Le village et la forêt alentour en portent le nom et les habitants sont marqués par le soleil d'été et les vents violents qui peuvent souffler tout au long de l'année. Cette atmosphère donne à cette tournée un aspect initiatique. Plus on monte, moins les clients sont nombreux. À chaque fois, ils cherchent à vous retenir pour raconter toutes sortes d'histoires. Quand je leur apporte leur courrier, j'ai le sentiment de contribuer à maintenir la vie ici. Pendant la saison creuse, peu de monde grimpe ici. Mis à part un minibus de ramassage scolaire, la voiture jaune de La Poste est la seule à passer régulièrement. Mes clients ont, plus que tout, le sens de la fraternité. Que j'aie du courrier ou non à leur donner, ils me saluent tous et m'arrêtent pour me dire un mot. Ils m'offrent des citrons, des cerises ou des figues qui poussent partout. Il suffit de tendre le bras, et comme le mien est déjà tendu pour donner le courrier... Je rencontre beaucoup d'homonymes. Des familles entières peuplaient les hameaux et on trouve encore les mêmes noms un peu partout mais sans distinction de prénoms, ce qui exige plus qu'une bonne connaissance des lieux.

Le facteur est ici un personnage à part : je fais des tournées d'inspection des maisons inoccupées. Certains clients me demandent de vérifier si tout est normal et tiennent à me laisser leur clé. Je récupère les chiens égarés lors des battues au sanglier et je les rends à leurs propriétaires. Je monte les médicaments à mes clients âgés qui ne peuvent plus se déplacer. Dès que je vois des touristes un peu perdus, je les aide et les conseille dans leur visite de la région. J'exerce aussi une mission de surveillance incendie en relation avec les sapeurs pompiers et j'ai toujours un extincteur dans la voiture en cas d'urgence. Ici, le feu c'est l'affaire de tous.

Il m'arrive de partir de la côte avec un grand soleil et arriver en haut sous une tempête de pluie ou de grêle quand ce n'est pas de la neige. Par prudence, je garde aussi une paire de bottes et un ciré dans ma voiture. Entre la mer et la montagne, ce n'est pas seulement la météo qui peut changer, c'est carrément la saison. L'inverse peut aussi se produire. Il m'arrive de commencer sous la pluie et, franchissant les nuages, je découvre l'Ospédale sous un fabuleux soleil. C'est la magie des lieux qui rend cette tournée unique, comme ses habitants. Ma tournée s'achève à son point culminant, au refuge de Cartalavone, un lieu d'une beauté inimaginable avec un point de vue unique sur la région. Ma voiture y côtoie celle des gardes forestiers et le patron m'invite parfois à manger un petit morceau. Sa mère est toujours là. C'est la mémoire des lieux. Avec son regard perçant, on a le sentiment qu'elle devine le contenu d'une lettre avant même de l'avoir ouverte. »

NCE

SERGE DOUMALIN
CENTRE COURRIER DE PORTO VECCHIO
AVENUE DU GENERAL BOISSOUDY
20538 PORTO VECCHIO CEDEX

CANDE SUR BEUVRON /
(LOIR ET CHER)

D'une certaine façon, je crois encore au Père Noël et je suis persuadé que l'on peut changer le monde.

Jean-Paul Blondeau
49 ans, facteur depuis 16 ans

FACTE

JEAN PAUL BLONDEAU
CENTRE COURRIER DE CANDE S
BEUVRON
15 RUE COLIVAUT
BP 50041
41121 CANDE SUR BEUVRON CE

La tournée du Père Noël

Paysages souples, lumière florentine, bleu du fleuve enchâssé dans les sables : nos rois, princes et ducs ne s'y étaient pas trompés en choisissant les bords de Loire pour bâtir leurs demeures. Au pays des châteaux, non loin de Blois, Jean-Paul Blondeau distribue le courrier sur trois villages : Rilly, Les Montils, et Chaumont. Depuis douze ans, il offre sa bonne humeur aux habitants. Né dans un de ces bourgs paisibles tournés vers le fleuve, à Chouzy-sur-Cisse, Jean-Paul est entré à La Poste en 1975 : « C'était ça ou les Pompes Funèbres. Je n'ai pas hésité, je crois que je n'avais pas tout à fait le profil croque-mort. » C'est le moins que l'on puisse dire. Toujours une plaisanterie au bord des lèvres, ce facteur farceur prend la vie du bon côté. Quelques jours avant les fêtes de fin d'année, il revêt sa tenue de Père Noël pour faire sa tournée.

Après quinze ans de centre de tri, par goût du contact humain, il a choisi de devenir facteur. Jean-Paul, le farceur, est loin d'être un simple plaisantin mais cherche à donner un peu de douceur dans un monde qui en manque singulièrement, y compris en Val de Loire. Sa tournée, dans cette campagne où fleurissent les gentilhommières, paraît idyllique. Pourtant, la ruralité n'est pas une fête et le décor est parfois trompeur ; à côté des châteaux et des parcs, derrière les somptueuses architectures, la vie des villages s'alanguit. Jean-Paul le sait bien, lui qui a été élu local dans sa commune ligérienne de Chouzy-sur-Cisse, pendant toute une mandature. À l'évidence, ses plaisanteries et son idée de se déguiser ne sont que le prolongement de sa priorité quotidienne : le service aux autres. Il est ainsi Jean-Paul, cœur tourné vers son prochain. Cette générosité est précieuse : « On ne reçoit pas forcément que des bonnes nouvelles, convient une de ses clientes. Mais, quand un petit mot gentil accompagne une facture, ça passe mieux. » C'est bien l'avis de Jean-Paul qui cherche à insuffler de la douceur sur les bords de la Loire.

« D'une certaine façon, je crois encore au Père Noël et je suis persuadé que l'on peut changer le monde.

Quand, j'ai pris cette tournée, il y a douze ans, j'ai tout de suite eu envie de me déguiser en Père Noël. Je sais bien que l'idée n'est pas si originale que ça et que d'autres collègues le font. Mais, personne ne s'était lancé dans cette région. Je ne me suis pas précipité et j'ai laissé passer les deux premières années, pour être sûr d'être accepté par mes clients. Je ne voulais pas rater mon coup. La troisième année, j'ai acheté des guirlandes, des boules de Noël, un déguisement et des crottes en chocolat pour les enfants. Ma voiture décorée comme un arbre de Noël, j'ai franchi le pas. J'avais un peu le trac. Je me demandais quelles réactions mon déguisement allait susciter. À un moment, j'ai garé ma voiture sur la place d'un village, pour distribuer à pied les maisons environnantes. Un client a repéré ma Clio jaune, il était en voiture lui aussi, il est descendu pour que je lui donne son courrier. Quand il m'a vu, il n'a pas tout de suite réalisé, et puis il est parti d'un immense éclat de rire, il se tapait les cuisses, on ne pouvait plus l'arrêter. Là, je me suis dit : "Popol, t'as gagné !"

Depuis, chaque année, quelques jours avant Noël, j'endosse mon habit rouge. Les enfants sont fascinés, ils me détaillent de la tête aux pieds. Il faut voir leur bouche ouverte, leurs yeux écarquillés, ils en prennent plein la vue. Moi, tout ça me transporte de plaisir. C'est un des buts de ma vie de pouvoir laisser quelque chose de positif derrière moi. À mon sens, après le métier de sage-femme, le plus beau métier du monde, c'est facteur. Si je me déguise ainsi, c'est que j'y vois un joli symbole. Le Père Noël a sa tournée, comme nous. Nous passons dans chaque foyer pour distribuer le courrier. Comme les villages par ici ne sont pas très animés, il serait dommage de me retenir alors que je peux contribuer à ma façon à donner un peu de joie. C'est tous les jours qu'il faut y penser même si Noël est un moment important. C'est pour cela que je m'efforce d'être proche des gens, de les aider dans la mesure de mes moyens. Nourrir un animal quand son maître est à l'hôpital ça me paraît naturel. Comprendre les attentes des uns et des autres aussi. S'arrêter pour parler, partager un moment, plaisanter de tout et de rien, ça remonte le moral à des gens qui sont parfois isolés dans leur campagne. Nous sommes là pour rendre un service. À chacun de voir ce que ce mot contient. ”

CE

CENTRE COURRIER DE CANDE
SUR BEUVRON
15 RUE COLIVAUT
BP 50041
41121 CANDE SUR BEUVRON CEDEX

CTEURS EN FRANCE
PUY EN VELAY /
(HAUTE LOIRE)

Lorsqu'un poste de facteur de secteur s'est libéré au Puy, je n'ai pas hésité.

Isabelle Pigeon
37 ans, factrice depuis 12 ans

FACTEU

ISABELLE PIGEON
CENTRE COURRIER LE PUY EN VEL
8 AVENUE DE LA DENTELLE
BP 319
43011 LE PUY EN VALLEE CEDEX

Dix tournées au Puy

Isabelle Pigeon n'aurait jamais songé à faire carrière dans la dentelle, spécialité du Puy-en-Velay en Haute-Loire. Une activité bien trop calme pour cette mère de deux enfants qui « aime quand ça bouge ». Un tempérament bien accordé à la géologie locale car la ville d'Auvergne a été érigée sur un volcan. Isabelle Pigeon bouge donc comme factrice de secteur à mi-temps : elle peut être appelée sur dix tournées différentes dans la ville, à pied ou en scooter. « Je ne me languis pas et je ne vois pas passer le temps. »

D'autant qu'il lui arrive de grimper dans la vieille ville par les rues pavées jusqu'à la cathédrale et le rocher Corneille où s'élève l'immense statue de la Vierge, de 16 mètres de hauteur, qui domine Le Puy. Isabelle Pigeon fait souvent ce pèlerinage car elle distribue parfois le courrier au concierge du monument Notre-Dame de France. C'est son parcours préféré. Ces hauteurs n'effraient pas cette sportive qui pratique à ses heures perdues le footing et la natation. En revanche, elle goûte moins le scooter.

Factrice, elle l'est devenue par hasard. En 1990, elle est reçue à deux concours : celui de secrétaire sténo-dactylo dans la police et celui d'agent d'exploitation services généraux, guichetier pour les intimes. Elle choisit La Poste et connaîtra brièvement le guichet, notamment à Chadrac, la ville de ses parents, située à trois kilomètres du Puy, avant de se retrouver factrice en banlieue parisienne à Nanterre. Un guichet auquel elle reviendra peut-être sur ses vieux jours. Car, même si elle aime parcourir la ville, elle le sait : « Facteur, c'est un métier très physique. Les gens ne s'en rendent pas compte. »

“Lorsqu'un poste de facteur de secteur s'est libéré au Puy, je n'ai pas hésité.

C'était l'occasion de rentrer au pays. Mes débuts de factrice en 1994 à Nanterre n'ont pas été faciles. Un matin, on nous a lâchés à deux sur une tournée : on s'est débrouillé mais on a terminé à 17 heures. Il faut dire que nous avions passé un concours pour devenir guichetier et non pour distribuer le courrier. Certains jours, on se retrouvait à quatre ou cinq pour s'aider à finir la tournée. Comme nous étions tous des “déracinés !”, une grande solidarité existait entre nous. Toute l'équipe se retrouvait au foyer de La Poste. Je garde vraiment un bon souvenir de cette période et je suis d'ailleurs toujours en contact avec certains collègues.

Heureusement que l'ambiance était bonne car ce n'était pas facile de quitter sa famille. Un week-end sur deux, je revenais au Puy où mon mari travaille chez Michelin. Je repartais le dimanche soir et, sur le chemin de la gare, je passais devant le centre courrier du Puy. À chaque fois, je me demandais quand est-ce que je serai enfin nommée ici.

J'ai enfin pu revenir en 2000. Évidemment, comme nous remplaçons des titulaires, nous ne connaissons pas nos clients aussi bien qu'eux. Mais j'arrive tout de même à nouer des contacts, notamment lorsque je remets à jour le cahier de tournée. À cette occasion, je sonne chez les habitants pour leur demander s'ils connaissent le nom de leurs voisins, quand ces derniers sont absents et que leur nom ne figure pas sur la boîte aux lettres. C'est aussi l'une de mes fonctions : le facteur de secteur participe à améliorer la qualité de la distribution. Parfois, j'accompagne le facteur titulaire, j'en profite pour observer et repérer les problèmes. Je colle également des étiquettes portant le nom des habitants sur les boîtes. Ce sont des petits détails, mais ils facilitent la vie, notamment celle des facteurs remplaçants.

Car c'est vraiment compliqué de s'y retrouver dans certains endroits. Je pense notamment à une petite cité qui comprend plusieurs bâtiments. De nombreuses adresses précisent uniquement la rue et ne donnent pas le nom de l'immeuble. Il faut faire travailler sa mémoire. Et c'est encore plus difficile lorsque les noms des clients ont des consonances étrangères.

Nous étudions aussi les moyens d'améliorer les casiers de tri, en fonction des évolutions de tournée. Là, il s'agit de faire preuve de diplomatie, parce que les anciens n'aiment pas trop qu'on change leurs habitudes.

Enfin, nous aidons les nouveaux arrivants ou les saisonniers au tri et parfois sur la tournée. Après la mienne, je rejoins parfois un jeune sur son parcours pour lui donner un coup de main. Pourquoi ? Parce que j'aime bien rendre service et parce que moi-même je suis bien contente d'être épaulée par un titulaire quand je ne m'en sors pas. ”

NCE

ISABELLE PIGEON
CENTRE COURRIER LE PUY EN VELAY
8 AVENUE DE LA DENTELLE
BP 319
3011 LE PUY EN VALLEE CEDEX

57 FACTEURS EN FRANCE

E.LECLERC
HOUSSET

CTEURS EN FRANCE

SARREBOURG /
(MOSELLE)

J'ai commencé sans me poser quarante mille questions. Moi, j'avais décidé d'y aller au feeling.

Annabel Fritz
23 ans, factrice depuis 1 an

FACTE

ANNABEL FRITZ
CENTRE COURRIER DE SARREBOU
8 RUE DE L ARTISANAT
ZA DE LA BIEURE
57400 SARREBOURG

La p'tite blonde à vélo

Annabel est comme une abeille, vive et blonde, voletant de boîte aux lettres en boîte aux lettres. À vingt-trois ans, elle projette un rayon de fraîcheur sur cette lourde terre de Lorraine. Cette grande sportive, joueuse et entraîneur(e) d'une équipe de volley-ball, apprécie le côté physique de son métier. Un atout pour la dizaine de tournées qu'elle effectue en tant que factrice « rouleuse », c'est-à-dire assurant les remplacements sur différentes tournées, à Sarrebourg. Elle alterne les tournées rurales qui se font en voiture et les autres qui se font à vélo. Sa préférence va, bien sûr, à la petite reine. Sur sa bicyclette, elle se sent davantage en contact avec le monde. Plus tard, elle aimerait avoir sa tournée à elle. Elle pense qu'il faut quatre à cinq ans pour bien connaître ses clients. Ensuite, pourquoi ne pas changer et recommencer ailleurs ? Elle rêve d'une tournée à la campagne, car la circulation en ville l'angoisse trop. Tant pis s'il lui faudra abandonner le vélo pour l'auto. Née dans un village de cinquante habitants, tout lui paraît toujours un peu trop grand. Annabel aime construire, le temps qui passe ne l'effraie pas. Avec son fiancé, elle restaure une vieille ferme. Seuls les murs porteurs sont debout. Elle sait qu'ils en auront pour des années. Mais Annabel avance sans s'inquiéter.

« J'ai commencé sans me poser quarante mille questions. Moi, j'avais décidé d'y aller au feeling.

J'ai fait ma première tournée le 11 février 2005. J'attendais ce jour avec impatience. J'étais entrée à La Poste deux ans plus tôt. Après une formation au métier de facteur, j'avais été affectée successivement sur plusieurs postes : au tri des colis, au flashage de recommandés, au flashage des colis suivis, bref tout un éventail d'interventions qui m'ont permis de bien connaître différents aspects du métier. Mais bon, j'avais envie de bouger, de sortir des bureaux. Quand le 11 février est arrivé, j'ai respiré un grand coup : enfin de la liberté et du contact !

Quand on est lâché sur sa tournée, on découvre tout. S'il y a une chose que je dois à ma vie de sportive, c'est de savoir qu'il faut faire confiance à son instinct dans l'action. Je n'avais aucune appréhension sur le contact humain : la vie de club et les entraînements avec les enfants m'avaient préparée à gérer cet aspect. Donc, tout s'est tout de suite bien passé. Les hommes plaisantent, ils m'appellent "la p'tite blonde", ils me font des compliments. Les personnes âgées sont contentes de voir une petite jeune, ça les change. J'ai immédiatement cherché à rendre service. Ça me semble naturel de monter le courrier en main propre à une personne qui a du mal à descendre les escaliers de son immeuble. Je sors les poubelles quand je vois qu'une vieille dame peine à le faire. Je remets le pied d'un canapé déboîté, je remplace une ampoule grillée. Ce sont mille petites choses.

L'autre jour, un petit garçon appelait son chien dans la rue, il était très inquiet. Je m'arrête et je lui demande à quoi ressemble son chien ? Quelque temps plus tôt, j'avais aperçu un animal visiblement égaré. Bingo, la description du gamin collait. Il a appelé ses parents, ils sont montés dans leur voiture, j'ai repris mon vélo et ils m'ont suivi. La bête était toujours au même endroit, complètement terrorisée. C'est un tout petit événement, mais un enfant qui retrouve son chien provoque de belles émotions.

Des émotions, j'en ai eu à revendre il y a quelque temps. C'était en plein centre-ville de Sarrebourg. J'arrive devant la gare, et là, je tombe sur des soldats en treillis embusqués dans les portes cochères, mitraillettes en main. La guerre quoi ! J'étais là avec ma sacoche et je me suis retrouvée entourée par un détachement qui entreprend de m'escorter pendant toute la traversée de la place. C'était un exercice militaire. Moi, pendant dix minutes, j'ai vécu un vrai film. Comment ne pas aimer un métier qui vous réserve des surprises pareilles, petites ou grandes ? Rien n'est routinier, le quotidien c'est l'antiroutine. "

NCE

CENTRE COURRIER DE SARREBOURG
8 RUE DE L ARTISANAT
ZA DE LA BIEURE
57400 SARREBOURG

CTEURS EN FRANCE

MAFATE /
(REUNION)

Qui aurait cru qu'un jour je serais amené à lire les courriers à mes clients analphabètes.

Jean-Marie Timon
46 ans, facteur depuis 4 ans

FACTE

JEAN MARIE TIMON
CENTRE COURRIER DE LA POSSESS
4 RUE WALDECK ROCHET
97419 LA POSSESSION

Un jour au cirque

L'étroit lacet de terre et de pierres qu'il parcourt depuis ce matin 3 heures, sac au dos, dessine une frontière ténue, mais ô combien vitale, qui sépare la terre du vide : 700 mètres d'à-pic jusqu'à la rivière, autant jusqu'au sommet qu'il va falloir atteindre avant 16 heures. C'est dans ce relief tourmenté, tout de gouffres, de gorges et de ravins, que Jean-Marie Timon, facteur de Mafate sur l'île de la Réunion, évolue. À pied, 20 kg de courrier sur le dos, l'enfant du pays porte le courrier aux 700 administrés qu'aucune route ne rattachera jamais à la civilisation. « C'est la nature qui fait la loi. Aucun homme n'est en mesure de donner forme à ce chaos », remarque Jean-Marie. Alors, qu'il brume, qu'il pleuve ou que le ciel soit plus bienveillant, le petit homme vaillant se lève du lundi au jeudi à 3 heures du matin pour accomplir sa mission au cœur du cirque de Mafate. Unique trait d'union entre la vallée et la montagne, il porte les nouvelles, cheminant prudemment pour être au rendez-vous dans chaque « îlet » qu'il dessert. Quand il parvient sur le premier plateau que délimitent de profondes ravines, plusieurs clients sont déjà là à l'attendre, le courrier prêt à partir et qu'empoche volontiers Jean-Marie. D'ailleurs, s'il est en retard, son portable sonne à intervalles réguliers : « Tout va bien Jean-Marie ? Tu nous arrives quand facteur ? » La modernité a donc du bon puisqu'elle lui permet de rassurer aussi sa femme et ses trois enfants, une fois son service effectué, et qu'il rejoindra en fin d'après-midi après plusieurs heures de marche. « Mais, conclut Jean-Marie, la modernité ici, elle s'arrête à ce téléphone portable. Pour le reste, seul compte ce rapport direct avec la terre. Entre les conditions climatiques et l'environnement, on n'a pas droit à l'erreur. »

“Qui aurait cru qu'un jour je serais amené à lire les courriers à mes clients analphabètes,

à leur expliquer ce qu'il faut faire, à les aider à remplir les formulaires pour la mairie ? Eh bien oui, c'est moi, Jean-Marie Timon qui m'en occupe. J'ai commencé à travailler à douze ans. Nous étions treize enfants, il fallait bien aider aux champs pour nourrir toutes ces bouches ! Depuis, je n'ai jamais quitté Mafate. C'est mon pays, c'est là où j'ai grandi, où j'ai appris la vie, où j'ai pris femme, où mes enfants sont nés. C'est ici qu'on célèbre les anniversaires, les fêtes, que l'on enterre nos morts. Et c'est ici que je travaille. C'est ainsi. Quand on m'a accepté à la bibliothèque de Mafate comme manutentionnaire, j'ai appris à classer les livres et je me suis plongé dans les dictionnaires pour approfondir ma connaissance de la langue. C'est vraiment ce qui m'a permis ensuite d'exercer comme facteur. Je peux vous dire que les gens m'attendent avec impatience chaque semaine. Ce lien avec l'extérieur, c'est essentiel. Et je prends les choses à cœur. Je pense que les gens ont de la reconnaissance pour mon travail. Ce n'est pas que du temps que je donne, c'est aussi de l'énergie physique. Je dois être concentré pour ne pas faire un pas de travers. Je touche du bois, jusqu'à présent, je n'ai pas eu d'accident. Il m'est arrivé à plusieurs reprises de rester coincé à cause de pluies torrentielles. Il m'a fallu attendre quelques jours avant de repartir. Heureusement, il y a toujours quelqu'un pour m'accueillir, me loger et me nourrir. Parfois cela dure tellement que l'hélicoptère finit par venir me rechercher.

J'aime beaucoup ce travail. Je suis utile aux gens, je suis libre même si je dois me lever à 3 heures du matin la moitié de la semaine, y compris quand j'entends la pluie clapoter sur le toit de la maison. Je marche, je suis dans la grande nature, dans des paysages que des touristes parcourent après avoir fait des milliers de kilomètres. Je ne sais pas si c'est une chance. C'est ainsi. C'est cela que je devais faire et je tiens à le faire bien. C'est aussi simple que ça. ”

NCE

JEAN MARIE TIMON
CENTRE COURRIER DE LA POSSESSION
4 RUE WALDECK ROCHET
97419 LA POSSESSION

POLIGNY /
(JURA)

Le jour où j'ai su que j'allais apporter le courrier à mes parents, ça m'a fait tout drôle.

Daniel Renaudin
38 ans, facteur depuis 15 ans.

DANIEL RENAUDIN
CENTRE COURRIER DE POLIGNY
8 AVENUE DE LA REPUBLIQUE
39801 POLIGNY CEDEX

Le régional de l'étape

B*en alors, il est en vacances le facteur ?* La remarque est un brin désobligeante vis-à-vis de Daniel Renaudin, sur le pont depuis 6 h 30 ce matin. Il ne s'en offusque pas. Il connaît par cœur ces réactions quand lui, le facteur « remplaçant », se présente en lieu et place du titulaire de la tournée. Ce statut d'intermittent du courrier, il l'a souhaité alors que tant de ses collègues ne rêvent que de disposer de leur propre tournée. Il y a quatre ans, il a passé un concours pour devenir facteur de secteur. Quelques responsabilités supplémentaires, un peu d'argent aussi en plus, et, surtout, la certitude de changer chaque semaine de tournée au gré des absences. La routine, ce n'est pas son truc.

Et puis à Poligny, Daniel est loin d'être un anonyme. Né ici il y a trente-huit ans, revenu au pays il y a quatre ans, ce n'est pas un *ratrait* – un étranger en franc-comtois. À Buvilly, l'un des bourgs de sa tournée du jour, les habitants l'attendent à côté des boîtes : « Vous pouvez m'envoyer ce colis ? Je vous donne des sous, vous me mettrez la monnaie dans la boîte », lui demande une dame âgée en tablier à fleurs. Chez Madame Pierre, qui se déplace difficilement, il entre sans frapper déposer le courrier. En chemin, il pointe du doigt la maison d'un copain d'école, perdu de vue puis retrouvé au hasard d'une tournée. Un peu plus loin, c'est celle de l'ancienne nounou de ses cousins, qu'il va saluer dès qu'il en a l'occasion. Dans son rôle de « doublure de luxe », Daniel couvre plus de 4 000 clients. Il dit qu'il ne les connaît pas tous. On jurerait le contraire.

« Le jour où j'ai su que j'allais apporter le courrier à mes parents, ça m'a fait tout drôle.

Et ce n'était rien par rapport au moment où je suis entré dans la maison pour le remettre. Je suis né à Poligny. Ma mère et mon père vivent à dix kilomètres d'ici et une grande partie de ma famille est restée dans la région. Forcément, cette donne change mes rapports avec les gens du cru. Je travaille en alternance sur douze tournées. Même après quatre ans, ce n'est pas évident de connaître tout le monde. Les clients, en revanche, se souviennent plutôt bien de moi. Avec le bouche à oreille, j'entends

souvent des "ah, c'est lui l'fils Renaudin?". Le contact s'établit d'autant plus facilement.
De toute façon, les gens s'intéressent au facteur. Ceux qui ne me connaissent pas m'abordent aussi. Ils veulent savoir comment je m'appelle, d'où je viens, depuis combien de temps je travaille à La Poste... Même après plusieurs semaines d'absence, certains m'accueillent en me disant: "Tiens, ça faisait longtemps qu'on ne vous avait pas vu..." Les relations dépendent bien sûr des tournées. Les plus urbaines ne facilitent pas les rencontres. Mais d'autres, comme à Oussières par exemple, comportent une foule de maisons sans boîtes aux lettres et on rentre chez les gens. Dans ces cas-là, même le remplaçant a droit aux traditionnelles invitations: "Allez facteur, fait pas chaud, venez donc boire un café!" Chez certains, il est impossible de dire non. Il faut même parfois batailler ferme pour refuser le "p'tit coup à boire". Comme à Buvilly, chez René, un ancien producteur de comté toujours prêt à vous ouvrir les portes de son carnotzet, sa petite cave personnelle.
C'est ce qui me plaît dans le métier de facteur, c'est l'indépendance, c'est de ne pas avoir de chef sur le dos du moment que le boulot est fait et, surtout, c'est le rapport privilégié avec les clients. C'est encore plus vrai avec ce poste de facteur de secteur. Une semaine je suis en auto, la suivante à pied, la troisième à vélo; un coup en plaine, un coup en montagne; une fois en ville, une autre à la campagne...
Tout n'a pas été toujours aussi rose. Après le concours, j'ai travaillé huit ans en Seine-Saint-Denis. Ce n'était pas le bagne, mais pas loin pour quelqu'un qui vient de la campagne comme moi. J'ai transité ensuite par le Doubs avant d'être nommé à Poligny. Maintenant que je suis revenu chez moi, je ne bouge plus. Bien que cela présente parfois quelques inconvénients. À Oussières, le village où vivait ma grand-mère, les habitants m'ont vu grandir et je suis connu comme le loup blanc. Quand j'assure cette tournée, je sais par avance que ma semaine va être longue. Très longue.
"

NCE

DANIEL RENAUDIN
CENTRE COURRIER DE POLIGNY
8 AVENUE DE LA REPUBLIQUE
39801 POLIGNY CEDEX

CTEURS EN FRANCE

LAPLUME /
(LOT ET GARONNE)

Le jour de ses cent ans, toute la famille de Léo m'a accueillie à bras ouverts.

Maryse Latour
41 ans, factrice depuis 17 ans

FACTE

MARYSE LATOUR
CENTRE COURRIER DE LAPLUME
2 BOULEVARD DU COUCHANT
47310 LAPLUME

Le sourire de la militante

Elle rit. Elle rit sans cesse, jamais avare d'une plaisanterie. Maryse Latour aime partager sa bonne humeur avec les habitants de Brax, dans le Lot et Garonne, où elle effectue sa tournée depuis août 1995. « Pourquoi faire la tête ? Cela n'arrange rien de bouder », glisse-t-elle à la vieille dame qu'elle vient de croiser sur le parking d'un centre commercial de poche. Maryse a débuté sa carrière dans les beaux quartiers parisiens, elle desservait alors le très chic 7e arrondissement. Elle s'y retrouve, lors de son premier jour de tournée, face à Enrico Macias… en pyjama. Une surprise totale car elle pensait sonner à la porte d'un parfait inconnu, les adresses sur les lettres indiquant son nom de naissance qu'elle ne connaissait absolument pas.

À Brax, une commune de 1 800 âmes proche d'Agen, Myriam Latour est aussi populaire que le chanteur pied-noir, même si elle rencontre moins de gens et de plus en plus de boîtes aux lettres, en raison de la prolifération des lotissements.

Auxiliaire de puériculture de formation, elle a su conserver une âme d'enfant. Voilà deux ans, pour sa tournée du 24 décembre, elle a coiffé un bonnet de Père Noël. Depuis, tous les facteurs du centre courrier de Laplume ont adopté la tradition. Maryse Latour ne manque pas de charisme, avec ou sans bonnet de Noël : elle sait trouver les mots pour entraîner ses collègues, les défendre et porter leurs revendications. Syndicaliste convaincue, Maryse Latour sait mener le combat, le sourire aux lèvres.

“Le jour de ses cent ans, toute la famille de Léo m'a accueillie à bras ouverts.

Pourtant, je ne les connaissais pas bien. Mais je vois tous les jours Léo dans son logement HLM. Avant d'être mon client, c'était mon voisin. Comme j'ai déménagé dans son village natal, il me raconte des histoires sur ma grand-mère maternelle qu'il a connue enfant. Son énergie et sa vitalité me sidèrent. Bon pied, bon œil, Léo fait ses mots croisés, joue au Scrabble, retourne son potager et enfourche son vélo chaque jour pour acheter son pain. Je suis quand même un peu inquiète à l'idée qu'il traverse la route de Mont-de-Marsan. Il s'occupe aussi de sa femme, Henriette, qui a des problèmes de santé.

Léo n'a pas eu la vie facile. Agriculteur puis ouvrier, il a travaillé dur. C'est un ancien syndicaliste, qui s'est beaucoup battu. Un jour, il s'est étonné de ne pas m'avoir vu la veille.

Comme je lui ai répondu que j'étais en grève, il m'a dit : "Vous avez bien raison mon petit."
Je suis syndiquée depuis 1990. Au départ, je ne voulais pas m'investir plus que cela. Puis il a fallu que je négocie l'accord sur les trente-cinq heures pour le bureau. C'était difficile car je n'avais reçu aucune formation. La pression était très forte : j'engageais tout de même l'avenir de mes collègues. Je me dis que si je ne vais pas refaire le monde, du moins puis-je contribuer modestement à le rendre un peu plus juste.
Même si cela les gêne, la plupart de mes clients comprennent pourquoi je suis parfois en grève. Je leur explique mes raisons, certains les approuvent, d'autres ne sont pas d'accord. Mais pour tous, l'important reste que je fasse correctement mon métier.
Je crois surtout qu'ils apprécient que je sois à leur écoute. Comme Louise, par exemple, qui a des hauts et des bas. Ces derniers jours, je ne la trouvais vraiment pas en forme, elle se plaignait du ventre et ne mangeait presque rien. Je savais qu'elle venait de se faire opérer mais son état me chiffonnait tout de même. J'en ai parlé à son médecin qui est sur ma tournée. Il lui a prescrit des examens : elle souffre d'une crise d'appendicite. À quatre-vingt-six ans, il faut le faire !
Certains se confient dans les moments dramatiques de leur existence. Je me souviens d'une femme avec laquelle j'échangeais très peu. Sans savoir pourquoi, j'avais du mal à l'aborder. Un jour, c'est elle qui est venue vers moi et m'a expliqué que sa fille venait de mourir, à l'âge de quarante ans. Moi qui suis plutôt bavarde, je l'ai écoutée, sans pouvoir dire grand-chose.
D'autres ont des gestes incroyables. Un jour, sur le pas de la porte, je m'exclame sur la bonne odeur qui s'échappait d'un appartement, le client est parti dans sa cuisine me rapporter un sandwich aux... cèpes.
Mon problème, c'est que je suis trop sentimentale. Léo a beau me dire "J'ai fait mon temps, place à la jeunesse", le jour où... Oh la la !... Heureusement, lorsque je quitte ma tournée, j'abandonne mes histoires derrière moi. J'entre dans un autre monde, ma vie de famille. ”

NCE

CENTRE COURRIER DE LAPLUME
2 BOULEVARD DU COUCHANT
47310 LAPLUME

CTEURS EN FRANCE

LOUDEAC /
(COTES D'ARMOR)

57 FACTEURS EN FRAN

J'ai tout le temps des bonbons dans ma voiture car le mercredi c'est la tournée des enfants.

Michel Chapron
57 ans, facteur depuis 38 ans

FACTEU

MICHEL CHAPRON
CENTRE COURRIER DE LOUDEAC
3 AVENUE DES COMBATTANTS
BP 442
22604 LOUDEAC CEDEX

La tournée au gallo

Loudéac, Coëtlogon, Plemet... aucun doute, Michel Chapron officie bien au cœur de la Bretagne. Et il suffit d'entendre sa voix granitique murmurer en gallo, le patois local, pour finir de s'en convaincre. Alors, comme avec la petite madeleine, c'est toute l'odeur des bruyères, des fougères et des hortensias qui monte à la tête. À cinquante-sept ans, ce natif de la région a fait toute sa carrière à La Poste. Après un an passé en Région parisienne puis quatre à Lannion, il est revenu en 1974 dans son « pays » pour ne plus le quitter. À Plemet, joli village de 3 100 âmes situé dans les Côtes-d'Armor, il pourrait faire sa tournée les yeux fermés. Aucun chemin, aucune maison, ne lui est étranger. Il est une mémoire locale, un pan de l'histoire du village à lui tout seul. Ses doigts calleux manipulent le courrier comme la terre de son potager qu'il bêche en rentrant chez lui aux beaux jours ou comme l'osier qu'il travaille pour fabriquer de jolis paniers. Et pour finir de passer le temps, Michel anime l'association Saint-Jacques au sein de laquelle il restaure une chapelle. Il y organise des soirées avec ses amis. Là, le gallo prend toute sa saveur, mais seulement là, car comme le dit Michel Chapron avec son accent inimitable, « une bitche qui broue perd sa goulaye » : une chèvre qui braie oublie de manger, comprenez un facteur qui parle trop n'avance plus !

“J'ai tout le temps des bonbons dans ma voiture car le mercredi c'est la tournée des enfants.

J'ai vu grandir tout le monde ici. J'ai même une cliente qui m'a demandé d'être le parrain de son petit. À force de voir les gens tous les jours, on trouve ça naturel et j'ai accepté tout de suite. Pourtant, à dix-neuf ans, quand j'ai passé le concours de La Poste et que j'ai dû partir à Paris apprendre le métier, c'était tout le contraire. Je me suis retrouvé perdu dans un milieu inconnu et les premiers pas ont été difficiles.

En revenant ici, j'ai retrouvé mes racines. La clientèle était alors essentiellement locale. Ce sont des retraités aujourd'hui pour la plu-

part. De nouveaux habitants ont rejoint la région. D'une part, une clientèle britannique, friande de vieilles pierres et du climat de la région, a traversé la Manche. Parmi eux, un Gallois intransigeant, au sourire truculent, qui refuse catégoriquement de parler l'anglais. S'il s'est installé là, c'est pour s'exprimer en français, langue qu'il cultive dans le journal que je lui apporte chaque matin. D'autre part, on trouve de plus en plus de gens qui travaillent à Rennes et sa périphérie et qui n'ont pu supporter la flambée des prix de l'immobilier. Ici, ils peuvent s'acheter une maison avec un joli terrain et profiter d'un cadre de vie agréable. La population est rajeunie et les enfants réapparaissent. Les gens ont pas mal de petits chiens qui s'amusent à courir devant la voiture quand j'arrive. Certains passent même dessous mais, heureusement, il ne s'est jamais produit d'accident. Un jour que je livrais un colis duquel s'écoulaient quelques cacahuètes, j'ai eu la surprise de découvrir qu'elles étaient destinées à un singe que possédait un de mes clients.

J'ai la chance d'avoir une tournée à contrastes, entre les nouveaux habitants et les retraités, entre le château et la zone industrielle. Côté noblesse, le marquis de Coëtlogon vient de temps en temps habiter son château. Mais ce n'est pas pour autant que la distribution devient une cérémonie. Enfin, à Plemet, la zone industrielle et commerciale (orientée agroalimentaire : équipement d'abattoir, aménagement de locaux, etc.) rassemble les sociétés de la région, sans compter les nombreux éleveurs de porc et de volaille. Je me sentais plus proche des gens dans le temps. Maintenant on parle moins. Je parcours chaque jour 70 kilomètres. Je croise presque davantage de voitures jaunes de La Poste – celle de mon collègue facteur à Plemet et celle de la tournée du Morbihan – qu'aucun autre véhicule. Sauf le jour où un client avait "emprunté" le corbillard garé devant l'église. Un original !

J'apporte un soin particulier à former les jeunes car les fermes isolées sont nombreuses, situées sur des chemins parfois mal indiqués. On se perd facilement. Mais dès qu'ils connaîtront, ils feront comme moi et prendront un moment pour parler avec les clients. La Poste est là pour ça et comme on dit en gallo pour parler d'un bavard qui ne garde pas sa langue dans sa bouche : "celui qui a fait le four n'a pas oublié la goule (la gueule)." Ils ne verront plus le temps passer et ils pourront se dire comme moi : "Allez, on va pas rester à bailler là !"

"

ANCE

CENTRE COURRIER DE LOUDEAC
3 AVENUE DES COMBATTANTS
BP 442
22604 LOUDEAC CEDEX

269

CTEURS EN FRANCE

MONTCHANIN /
(SAONE ET LOIRE)

Je ne savais même pas que les facteurs triaient le courrier avant de partir en tournée.

Chrystelle Arroquy
29 ans, factrice depuis 5 ans

FACTE

CHRYSTELLE ARROQUY
CENTRE COURRIER DE MONTCHA
LA CANTINE ZONE ARTISANALE
RUE DU PUITS QUENTEL
71210 MONTCHANIN

Garder le rythme

Sa tournée, elle la mène au pas de charge, sortant avec célérité de sa voiture, allongeant ses foulées, énergique, montant les escaliers quatre à quatre... Chrystelle Arroquy n'aime pas lambiner ni faire les choses à moitié. Arrivée devant les boîtes, son geste est leste, mais assuré. Pas question de laisser une lettre dépasser, ni les colis sur la boîte ou au pied de la porte, comme le font d'autres transporteurs et qui, du coup, se retrouvent trempés par l'orage ou vidés de leur contenu. Elle a quelques trucs dans sa besace pour régler ces questions en douceur. Dans une première vie à La Poste, elle était chargée de gérer ce genre de problèmes, pour le compte des facteurs, en tant qu'agent facilitateur de la distribution. Embauchée en 1999 pour un emploi jeunes au bureau d'Autun, Chrystelle Arroquy s'occupait des litiges mais incitait aussi les gens à s'équiper de boîtes normalisées, réglait avec leur propriétaire les problèmes de chiens présentant un risque pour les facteurs, etc. Elle décide d'anticiper la fin de son contrat pour devenir facteur et arrive en septembre 2001 au bureau de Montchanin.

Depuis cette date, Chrystelle pratique la vitesse et surtout la bonne humeur. Après quatre ans passés à Écuisses, une commune limitrophe de Montchanin, son tempérament a fini par être connu. Partout, ses « bonjour » sonores récoltent un écho, un petit mot gentil, un encouragement. Bon nombre de ses clients lui donnent du Chrystelle ou la saluent de la main quand ils la croisent sur la route. Manifestement, ils apprécient son entrain et le lui font savoir. « Qu'est-ce qu'il y a de plus gai qu'une factrice ? », lui lance un quinquagénaire depuis son jardin. « Euh, vous ? », tente Chrystelle. « Mais non, deux factrices ! », s'esclaffe l'homme, visiblement satisfait de son compliment en forme de devinette Carambar. La blague a beau être éculée, c'est assez bien résumé.

« Je ne savais même pas que les facteurs triaient le courrier avant de partir en tournée.

J'ai découvert le métier de facteur en entrant à La Poste. Mon expérience de facilitatrice de la distribution me sert encore aujourd'hui. Elle m'a surtout ouvert les yeux sur la richesse du métier et ses différentes facettes.

Que ce soit la préparation de la tournée ou la distribution elle-même, je fais tout à 200 à l'heure, le tri comme la distribution. C'est une question de tempérament. Il faut dire aussi que j'ai une tournée physique, avec de nombreux colis à livrer et beaucoup d'escaliers à grimper. Il faut garder le rythme. Mais ça ne m'empêche pas de m'arrêter, que ce soit pour papoter un moment avec les clients ou pour lire son courrier à une vieille dame aveugle. Facteur, ça ne se limite pas à distribuer des lettres. C'est un métier de contact, une activité sociale, on va à la rencontre des autres, on écoute leurs problèmes. Même si, très souvent, cela se limite à parler de la pluie et du beau temps. Je crois que ça leur fait du bien quand même. D'ailleurs, j'ai parfois l'impression que certains saisissent n'importe quel prétexte pour engager la conversation. Mais à force, des relations particulières se sont nouées avec certains clients. Comme cette personne diabétique aujourd'hui âgée qui ne peut plus marcher et qui m'invite à monter chez lui en me hélant depuis sa fenêtre. Comme il sait que je ne veux pas boire un coup avec lui, il me glisse de temps à autre des bonbons dans la poche. Je préfère ces douceurs à un verre de rouge. Il y en a d'autres comme ça, le plus souvent des personnes âgées ou malades. Forcément, ce sont elles que je vois le plus.

Les rencontres se font aussi par hasard. C'est le cas avec une de mes clientes qui s'est fracturée le pied en tombant de son cerisier. C'était quelques mois à peine après mon entrée en fonction. Comme elle ne pouvait plus marcher, j'ai commencé à lui monter son courrier tous les jours. Pour me remercier, elle m'offrait un verre de jus d'orange. Depuis, elle s'est remise, mais la tradition a perduré, et nous avons fini par sympathiser. Ironie du sort, l'autre jour, je suis arrivée, son mari était allongé par terre sous le cerisier. J'ai cru qu'il était mort ! En fait, il venait à son tour de tomber de l'arbre et s'est fracturé une cheville. Sur le moment, je n'ai pas rigolé, parce que j'ai vraiment eu peur. Mais maintenant, on en plaisante ensemble.

NCE

CENTRE COURRIER DE MONTCHANIN
LA CANTINE ZONE ARTISANALE
RUE DU PUITS QUENTEL
71210 MONTCHANIN

57 FACTEURS EN FRANCE

CTEURS EN FRANCE

SAINT LAURENT DU PONT /
(ISERE)

La tournée, c'est comme une sauce : il faut y mettre du sel pour qu'elle soit bonne.

Denis Virard
56 ans, facteur depuis 35 ans

FACTE

DENIS VIRARD
CENTRE COURRIER DE
SAINT LAURENT DU PONT
PLACE GAMBETTA
38380 SAINT LAURENT DU PONT

La tournée en sifflant

Un jour, il avait un peu lampé. À force d'en mettre en bas, il avait perdu le fil, il voulait se suicider. Traduisez : « Un jour, il avait un peu bu. À force de boire, il a perdu la tête, il voulait se suicider. » Frédéric Dard n'aurait sûrement pas renié Denis Virard comme fils spirituel. Avec son accent inimitable, mélange de sonorités de la Savoie et du Dauphiné, il manie un verbe haut et coloré. À Saint-Christophe-sur-Guiers, seul le « Zé » (Joseph), le mari de « la Minouche », peut rivaliser avec lui. En trente-cinq ans de tournée dans ce village niché dans la Chartreuse, il est devenu un personnage qui annonce son arrivée avec un sifflotement inimitable.

Denis, cela rime avec vie. Une vie qui n'a pas été tendre avec ce fils de forestier. Il commence à travailler à seize ans, au télébenne de la petite station de ski, avant de perdre son père à l'âge de dix-huit ans. « C'était dur pour la mère, il a fallu que je me mette au turbin. » Il devient facteur. En 1970, à l'âge de vingt ans, pompier bénévole, il vit la catastrophe du 5/7, cette boîte de nuit de Saint-Laurent-du-Pont où 146 jeunes périssent dans un incendie.

Des souvenirs qu'il peine à évoquer : trop de douleur pour cet homme qui préfère semer la vie autour de lui. « Denis, c'est la personnalisation de l'humanisme du service public, dit de lui Pierre, qui fut maire du village pendant dix-huit ans. C'est un vrai cadeau. D'ailleurs, si j'ai placé tous mes comptes à La Poste lorsque j'ai décidé de changer de banque, il y est pour quelque chose. » Pour une fois, Denis reste sans voix.

« La tournée, c'est comme une sauce : il faut y mettre du sel pour qu'elle soit bonne.

Si t'y mets un peu de ton cœur et de ton courage, c'est sûr que ça se passera bien. J'ai toujours pensé que la tournée est à l'image du facteur. Si tu es agressif, les plaintes pleuvent au bureau. Mes clients, moi je les mets au pli par ma bonne humeur.

Le facteur, c'est l'homme de tous les jours. Si tu veux recevoir, il faut donner un petit bout de toi-même à chacun, un peu comme aux gosses. Y'en a des fois, ça brasse[1] un peu, c'est plus fatigant. Si j'me suis froissé avec quelqu'un, je rumine toute la journée. Je

n'aime pas me fâcher avec les gens. Mais si ça s'est bien passé, le lendemain, j'mets les deux pieds par terre en sifflant.
Quand je traverse les gorges du Frou, j'ai du mal à imaginer que je passe ici depuis trente-cinq ans. Ma tournée, c'est mon domaine, mon patrimoine. Souvent dans ma tête, je regarde comment est dessinée la route : je la connais par cœur. Tiens, attends voir, tu vois là ? L'hiver, si ça passe pas, tu peux être sûr que je vais être emouscaillé pour monter à La Ruchère[2].
Finalement, le facteur c'est comme le pompier, les gens l'attendent, tu ne dois pas les décevoir. Et puis cela m'a bien aidé. J'ai sauvé une "mémé" qui faisait une crise d'épilepsie. Je lui ai apporté les premiers soins et j'ai appelé mes collègues pompiers, en utilisant les bons mots, ce qui a facilité leur intervention. La famille m'a rendu hommage et j'ai eu droit à un "coup de chapeau à Denis" dans le bulletin municipal. Dans mon travail de facteur, je peux donner des conseils de prévention, par exemple je dis aux parents de faire attention lorsque je vois un enfant à proximité d'une casserole d'eau bouillante.
Si je suis populaire, c'est sûrement que je dois être gentil. Les gens disent que je ne sais jamais dire non. Je file des petits coups de main, par exemple, comme j'adore la mécanique, je règle la moulinette à herbe quand elle commence à batifoler[3]. C'est pas toujours facile, parce que, des fois, t'as la douille[4]. Mais la vie, c'est comme un boomerang, si tu sais bien le lancer, il te revient dans la main, sinon tu te le prends en pleine figure.
S'ils me filent mon galon[5], je continue encore six mois de plus, sinon j'arrête à la fin de l'année. Bonté de bonté, c'est sûr que je vais partir la larme à l'œil, mais il faut laisser la place aux jeunes. Ce qu'il faudrait, c'est les former avant s'en aller parce que nous, les anciens, on a nos petits tuyaux. Et puis, mine de rien, les jeunes, ils prennent le crochon sur nous[6]. ”

1 Brasser : bouger, remuer, se disputer.

2 Je vais être embêté pour monter à la Ruchère.
La Ruchère est l'endroit le plus haut perché de sa tournée.

3 Je règle la tondeuse quand elle s'emballe.

4 Tu es pressé.

5 Si j'ai mon avancement.

6 Ils prennent exemple sur nous.

ANCE

CENTRE COURRIER DE
SAINT LAURENT DU PONT
PLACE GAMBETTA
38380 SAINT LAURENT DU PONT

CHARTRES /
(EURE ET LOIR)

Je compte même le maire de Chartres dans ma tournée, ainsi que la préfecture.

Frédéric Ory
52 ans, facteur depuis 32 ans

FACTEU

FREDERIC ORY
CENTRE COURRIER DE CHARTRES
14 RUE CHAUVEAU LAGARDE
BP 10503
28019 CHARTRES CEDEX

286

L'homme de l'art

Frédéric Ory vous accueille en désignant sa trombine, là-haut, en fond de cadran de la pendule du centre de distribution. Visage rond et tempérament à l'avenant, de petite taille, le personnage a le sourire chaleureux et la bonne humeur accrochée à des yeux rigolards. Ce jour-là, il est de retour d'une mauvaise entorse du pied. Cette blessure l'a tenu éloigné de sa tournée chérie, dont il connaît coins et recoins depuis vingt-quatre ans même si son quartier s'est transformé en un gigantesque chantier en raison des travaux entrepris par la mairie de Chartres depuis deux ans.

Du coup, son chariot électriquement assisté, qui soulage à merveille son dos fragile, en voit des vertes et des pas mûres, franchissant gravats, câbles de chantier et résidus de toutes sortes. Le maniement de cet engin, dont le châssis a plié trois fois, fait dire à Frédéric qu'il est un véritable « pilote d'essai » de La Poste ! Il s'y connaît en la matière, étant conducteur de belles Triumph, ces légendaires motos anglaises. À chacun, sur sa tournée, il dit un mot, s'enquiert des dernières nouvelles, réconforte ou épaule d'un dicton, d'un mot d'esprit ou d'une fantaisie. On le dirait né facteur mais Frédéric a commencé par être artisan en décoration, spécialiste en peinture de lettres et de logos d'entreprise. Les allers-retours Paris-Chartres ont fini par l'épuiser et il était hors de question pour lui d'habiter la capitale. Alors, il y a trente-deux ans, il devient postier. Pendant huit ans, il fait un peu de tout : facteur à Asnières puis télégraphiste (et oui ! c'était un métier très important il y a encore trente ans) puis facteur sur sa tournée actuelle. Celle-ci se rallonge à vue d'œil. Là où se dressaient cinéma, boutiques ou restaurants, ce sont désormais des résidences qui se construisent et le nombre de boîtes aux lettres passe d'un coup d'une à trente. Tout en causant quincaillerie avec un artisan ou en redressant une boîte aux lettres mal fichue, Frédéric rêve à ses prochaines acquisitions de minerais (il les collectionne) ou repère tel porche ou tel sujet qu'il croquerait bien en peinture. Certes, ses thèmes de prédilection vont davantage, ces derniers temps, aux cimetières de bateaux qu'on voit dans le Sud-Ouest ou en Bretagne ; mais Chartres reste son modèle préféré, avec la Beauce alentour.

« Je compte même le maire de Chartres dans ma tournée, ainsi que la préfecture.

C'est un boulot très politique ! Mes clients sont notaires, avocats, commerçants en plein centre-

ville de Chartres, avec les flèches de la cathédrale en repères cardinaux. Tous m'accueillent avec des "Ho" et des "Ah !", pas trop mécontents de me retrouver visiblement. Souvent, je lance des plaisanteries sur les fonctionnaires et les "trente-cinq heures" pour faire enrager les secrétaires et les avocats. C'est un petit jeu : ils font mine de m'en vouloir, ça détend tout le monde... Avec ma petite taille, j'ai mon succès avec les écoliers du quartier. "Bonjour Monsieur le Facteur", me lancent-ils. Je crois que je ressemble au facteur-type. C'est vrai que je suis appliqué, soucieux d'avoir les idées claires et de savoir toujours exactement où j'en suis, notamment en tenant méticuleusement à jour ma liste de recommandés.

Les gens sont adorables par ici. Chaque année, par exemple, une vieille dame m'offre de splendides boîtes de chocolat pour les étrennes ; une autre m'a acheté une de mes toiles. Tiens d'ailleurs, il faudra que je pense à lui dire que j'expose dans la vieille ville samedi prochain, avec d'autres peintres... Je fais partie du décor mais je ne suis pas l'homme invisible. Je marque une présence, une habitude, une atmosphère, une vraie utilité. Un jour, passant vers 12 h 30 devant la boutique d'un ami bijoutier, je constate qu'elle est ouverte. Entrant, j'appelle mais rien : le lieu était désert ; les propriétaires avaient tout bonnement oublié de fermer leur bijouterie à clef pour le déjeuner, vous voyez le tableau ? Une autre fois, c'est un client caviste qui avait laissé ses clefs sur la porte, des crus incroyables à la portée de tous. J'ai empoché la clef, histoire de ne pas tenter les soiffards ! ”

ANCE

FREDERIC ORY
CENTRE COURRIER DE CHARTRES
14 RUE CHAUVEAU LAGARDE
BP 10503
28019 CHARTRES CEDEX

CTEURS EN FRANCE

SAINT MARTIN /
(GUADELOUPE)

Quand je veux arriver à l'heure à un rendez-vous, j'ai plutôt intérêt à prendre le bus…

Sylviane Crocheray
51 ans, factrice depuis 34 ans

FACTE

SYLVIANE CROCHERAY
CENTRE COURRIER DE SAINT MAR
RUE DU MARECAGE CONCORDIA
97150 SAINT MARTIN

De la tournée au carnaval

De son enfance en Martinique, Sylviane conserve le goût du partage et des joies simples. « Maman travaillait beaucoup pour nous élever tous les huit, mais on trouvait toujours à s'occuper jusqu'à ce qu'elle rentre. Une noix de coco suffisait à nous amuser. Quelques bouts de ficelle rassemblés, un peu d'imagination, et la poupée était construite. On la promenait autour de la maison, on lui faisait l'école... Ca durait toute une journée. » Aînée d'une fratrie de huit enfants, Sylviane a quinze ans lorsqu'elle quitte Fort-de-France en plein hiver pour la métropole où elle rejoint sa tante. Passé la première surprise de « la fumée qui sortait des bouches d'aération à l'aéroport d'Orly », la jeune fille s'adapte sans difficulté à la Région parisienne, noue rapidement des amitiés et rejoint La Poste dès dix-sept ans pour faire sa première expérience professionnelle aux chèques postaux. « Ce qui m'a marqué, c'est la rencontre entre ces personnes originaires de tous les coins de France, des îles, de la montagne... Quand on avait du temps, on se racontait notre pays. » C'est là qu'elle fait la connaissance de son futur ex-mari qui la conduira vers Saint Martin, cette curieuse île franco-hollandaise des petites Caraïbes « où les Français ont l'anglais pour langue maternelle ». Elle franchit cette nouvelle étape sans état d'âme, apprend l'anglais sur le tas et réapprend le créole qu'elle ne parle plus depuis longtemps. « Ici, j'ai la chance de vivre au milieu du monde et j'en profite ! » Une allusion aux 50 petits kilomètres carrés de Saint Martin où se côtoient plus de cent nationalités recensées...

“Quand je veux arriver à l'heure à un rendez-vous, j'ai plutôt intérêt à prendre le bus *que d'emprunter la rue de Hollande même si j'y vis, si j'y travaille, et si j'y suis bien. "Facteur, qu'est-ce que je dois répondre à ce courrier?" "Chérie, tu peux me traduire la lettre?" "Sylviane, qu'est-ce qu'on me demande là, je croyais avoir envoyé tous les papiers?" Je suis ici comme un repère pour les gens du quartier, celle qui sait, qui oriente, qui aide, qui traduit, qui entoure, qui accompagne, parfois même qui console. Quand je n'arrive pas à comprendre ce qui est demandé, j'emporte le courrier administratif avec moi et je questionne mes collègues ou mes amis pour avoir la réponse. Il faut reconnaître que l'administration ne facilite pas la tâche de mes*

clients ! On dirait que certains de ces courriers sont conçus précisément pour ne pas être compris. Alors quand en plus on maîtrise mal le français, imaginez le résultat !

J'aime la vie dans ce quartier, les odeurs, celles des épices, des grillades de poulet, de côtes de porc, quand je passe à pied le matin distribuer le courrier entre les petites maisons créoles. C'est toujours vivant. Saint James est un quartier pauvre de Saint Martin, là où se réfugient notamment les Haïtiens et ceux qui viennent de la république de Saint-Domingue. Mais y vivent aussi des Indiens, des Chinois, des métropolitains. Je suis à un poste d'observation idéal pour connaître les habitudes des uns et des autres, les façons de vivre, de commercer, de se parler, de faire la fête le soir après le travail. Je recherche ce contact avec toutes ces communautés. Pour moi, c'est un privilège de pouvoir apporter à chacun, de façon égale, un même service. Dans une République, le facteur est là pour faire le lien entre tous les citoyens sans distinction.

Sur les 700 foyers que je dessers, une bonne partie me connaît aussi par mon appartenance au groupe Butter-Finger, une troupe carnavalesque qui se prépare pendant toute l'année au défilé. Comme nous faisons faire les costumes à Trinidad, ça nous demande un gros investissement. Alors, pour recueillir de l'argent, on organise des barbecues (fun-raising) et des fêtes tous les deux mois environ. Ces soirs-là, les gens du quartier viennent danser, manger ensemble. J'aime quand ça chante alors dans toutes les langues !... Avant le début, le jour de l'Épiphanie, pas question de se relâcher, malgré la fatigue qui s'accroît de semaine en semaine : cent "revaillers" [prononcer "rebelleusse"] danseront durant deux jours. Il faut qu'ils soient heureux de se donner en spectacle. C'est la condition pour qu'ils puissent rendre heureux leur public ! Comme mes voisins sont aussi mes clients, il arrive qu'on me demande à tout moment un courrier qu'ils attendent, une lettre recommandée.

ANCE

SYLVIANE CROCHERAY
CENTRE COURRIER DE SAINT MARTIN
RUE DU MARECAGE CONCORDIA
97150 SAINT MARTIN

CTEURS EN FRANCE

GAP /
(HAUTES ALPES)

Certains habitants ne voient que moi durant tout l'hiver.

Dominique Lattores
40 ans, facteur depuis 22 ans

FACTEU

DOMINIQUE LATTORES
CENTRE COURRIER DE GAP
18 B RUE DES SAGNIERES
05008 GAP CEDEX

La grimpe dans les hameaux

Avec son allure sportive, sa polaire et ses chaussures de rando, sa mine burinée par le soleil, on imaginerait volontiers Dominique Latorres guide de haute montagne. Ce passionné de « grimpe » aurait pu l'être, étant titulaire d'un brevet fédéral de moniteur d'escalade. Il entraîne d'ailleurs les jeunes du groupe « compet' » de la section locale de l'ASPTT. Rien d'illogique, donc, à le voir assurer la tournée la plus rurale et la plus montagneuse du centre courrier de Gap. 80 kilomètres à grimper dans les hameaux. Désormais, il n'en reste plus qu'une poignée. Les jeunes n'ont plus envie de vivre ainsi, coupés du monde pendant des semaines. Les écoles de village ont toutes fermé leurs portes.
Lui met un point d'honneur à distribuer le courrier par tous les temps. Même quand les conditions climatiques rendent difficiles d'accès certaines maisons. Il n'a pas attendu le Kango 4x4 qu'il devrait conduire dès l'hiver prochain. Chez Jeannot, il entre comme chez lui déposer le courrier. Chez Raymonde, il grimpe l'escalier quatre à quatre pour éviter à la vieille dame de descendre jusqu'à sa boîte. Avec Rosette, il reste un moment pour parler pêche, une passion commune. Discute avec Ivan de l'enneigement de telle ou telle pente.

“ Certains habitants ne voient que moi durant tout l'hiver.

Avec la neige, de nombreuses portions de route deviennent impraticables. Avec le vent qui souffle, des congères peuvent se former en un rien de temps. En cas de problème, j'ai les numéros de téléphone de certains de mes clients qui roulent en 4x4. Si je rencontre un souci, je peux les appeler pour qu'ils viennent me dépanner. Parfois, quand ça tombe dru, le gars qui conduit le chasse-neige me donne un coup de main en montant au col de Gleize, le point culminant de ma tournée, à

1 600 mètres. En montagne, l'entraide et la solidarité sont perçues comme des évidences. Il fut une époque où La Poste payait même un renfort pour assurer cette partie de la tournée à skis. Moi-même, quand j'ai commencé, il m'est arrivé plusieurs fois de sortir les skis et les peaux de phoque. Ou alors les raquettes, mieux adaptées au relief. Mais depuis que la commune a investi dans une foreuse, les routes sont nettement mieux dégagées. Ceci n'empêche pas l'isolement. Le fermier qui habite au col de Gleize voit tellement peu de monde qu'il est impossible de passer le voir sans rester un moment. Il essaie souvent de me forcer la main pour entrer chez lui taper le carton avec le type du chasse-neige. Aux Monnets, il y a aussi Madeleine, soixante-quatorze ans, qui n'est plus capable de conduire. On vient la chercher régulièrement pour l'emmener faire ses courses ou pour aller au "baloche", à Romette. Elle adore ça, mais se plaint que les cavaliers se fassent rares. Je lui ai promis qu'un jour, j'irai danser avec elle. En tout cas, je ne passe jamais devant chez elle sans aller la saluer.

Tout le monde dit que c'est une perte de temps si une tournée comme celle-ci n'est pas maîtrisée sur le bout des doigts. C'est évident que l'on ne trouve pas les adresses en regardant les plaques des rues. D'un autre côté, bien connaître sa tournée, ça peut faire finir très tard. Cette tournée, je l'ai commencée il y a quatorze ans, et je l'ai plus lâchée. Franchement, j'aurais du mal à aller ailleurs. Peut-être dans d'autres régions de montagne... Il paraît que dans le Jura, ils font encore des tournées à skis. Ça me plairait bien. ”

ANCE

CENTRE COURRIER DE GAP
18 B RUE DES SAGNIERES
05008 GAP CEDEX

CTEURS EN FRANCE

ORSENNES /
(INDRE)

Nous recevons des lettres sans adresse, destinées à Georges Sand, parfois à Aurore Dupin.

Alain Guillot
49 ans, facteur depuis 31 ans

FACTE

CENTRE COURRIER DE ORSENNE
21 RUE DE LA POSTE
36190 ORSENNES

Sur les pas de George Sand

La Creuse sinue le long de berges sauvageonnes, la route épouse chaque courbe de la rivière. Alain Guillot regarde par la fenêtre la succession des champs où paissent les vaches de race limousine. Un petit chignon de crins ébouriffés leur donne l'air de sortir du lit... Alain ne se lasse pas de ce paysage du Boichaut Sud... Facteur depuis 1975, il a commencé sa carrière ici, à Orsennes. Après deux ans de remplacements, il devient titulaire à Paris. Sept ans de capitale avant de retrouver le pays natal. Alain Guillot est un homme de la terre, à Paris la nature lui manquait trop. En février 1984, il retrouve avec délices les chemins de son enfance. Sur sa tournée, il dessert deux villages : Gargilesse et Cuzion, 193 foyers hors saison, 300 en été. Ses clients sont souvent des amis, anciens camarades de l'école communale, agriculteurs ou artisans. Il est rare qu'il dépose une lettre dans une boîte. Ici, on frappe à la porte, on pose le courrier sur la table, sur le rebord de la fenêtre, derrière le volet. Pour qui le remplace, sa tournée est un parcours diabolique, il faut se souvenir des habitudes des uns et des autres. Alors Alain a tout noté, un vrai road book, avec ses mentions spéciales.

Le soir après sa tournée, il retrouve l'exploitation familiale : vingt têtes de bétail, 20 hectares de céréales. Avec son frère, il aide leur père à tenir le domaine. Aussi Alain n'a guère de temps pour les loisirs. Un peu de chasse avec les copains, du jardinage aussi. Le vrai loisir d'Alain c'est d'être ici, dans ce Berry qu'il aime tant.

“Nous recevons des lettres sans adresse, destinées à George Sand, parfois à Aurore Dupin.

L'auteur de La Mare au Diable *avait une maison à Gargilesse qui est devenue un musée. Une de ses héritières vit toujours dans le village. Je lui remets chaque fois ses courriers. Une fois, une lettre est arrivée avec cette indication : “Maison de George Sand, pour la dame aux longs cheveux noirs.” C'était pour l'un des guides qui assure les visites.*

Il y a quelques années, une lettre des Pays-Bas est arrivée en France avec cette seule mention :

"Monsieur de Paris, Maison avec trois grandes roses dans le mur, la rue à Gargilesse au Nord de Cuzion." Après que les bases de données de La Poste l'eurent dirigée vers le centre courrier d'Orsennes, j'ai tout de suite pensé à une maison de Gargilesse, dont la façade est ornée de trois magnifiques rosiers grimpants. Après vérification, c'était une fausse piste. Sur Cuzion, il y avait une autre possibilité que nous avons explorée avec ma collègue, qui fait la tournée sur une partie de ce village. Nous avons repéré une maison qui correspondait à la description. Son propriétaire avait reçu quelques mois plus tôt un groupe de pèlerins des Pays-Bas et les avait invités à déjeuner chez lui. Gargilesse et Cuzion sont des étapes sur le chemin de Saint-Jacques de Compostelle. De retour aux Pays-Bas, ils avaient voulu remercier leur hôte, mais ils ne connaissaient pas son adresse. Faire la description de la façade et de ses trois rosiers était une excellente idée. Pour nous qui passons tous les jours devant les mêmes paysages, dans les mêmes rues, ce genre de détail ne nous échappe pas.

Chez nous, il y a tant de légendes, le Berry est une terre de mystère et d'histoires. Certaines statues de saints sont réputées donner de la fécondité aux femmes. Tenez, regardez, sur cette porte, il y a une petite plaque avec cet avertissement : "Chat bizarre" ! Vous ne verrez pas ça souvent, d'habitude on prévient quand un chien est méchant. Ici, c'est d'un chat dont on imagine qu'il faut se méfier. Mais bon, ça ne fait pas tout le métier. Je préfère les gens bien vivants, prendre du temps avec eux, parler de tout et de rien. Avant, j'étais souvent invité à déjeuner. Ça n'arrive plus très souvent, les temps changent. ”

RANCE

ALAIN GUILLOT
CENTRE COURRIER DE ORSENNES
21 RUE DE LA POSTE
36190 ORSENNES

CTEURS EN FRANCE
DIEPPE /
(SEINE MARITIME)

57 FACTEURS EN FRAN

Je voulais être prof de maths et finalement je suis devenue femme de lettres !

Véronique Deconinck-Ben Itah
47 ans, factrice depuis 30 ans

FACTEU

VERONIQUE DECONINCK BEN ITA
CENTRE COURRIER DE DIEPPE
5 RUE DE STALINGRAD
76208 DIEPPE CEDEX

Entre gouaille et gouache

Je ne parle pas aux cons, ça les instruit !... La citation de Michel Audiard est scotchée bien en évidence sur le poste de travail de Véronique Deconinck, femme de tête, de gouaille et de gouache puisqu'elle peint à ses heures très peu perdues. Les cris des mouettes, les parfums iodés et les falaises ciselées de Dieppe forment un décor parfait pour la tonicité et l'enthousiasme à toute épreuve de Véronique. Sa tournée très médicale – elle couvre la zone entourant l'hôpital de la ville – la met souvent au contact, entre labos et pompes funèbres, avec les meurtrissures de l'existence, les peines de cœur ou les maux cardiaques.

Poussant son Caddie gorgé de lettres, décoré en hiver de guirlandes et de boules de Noël et les jours pluvieux d'une affiche indiquant que « la pluie fait du bien aux belles plantes », Véronique porte chaque matin sa blondeur juvénile aux quatre coins du quartier. Elle papote avec les secrétaires médicales de la pluie et du beau temps, elle parle mécanique devant une Hornet bleu métallisé ou évoque la Suzuki de ses rêves, remonte patiemment le moral d'une voisine désarmée par son tout récent veuvage ou signale aux commerçants du quartier les parcours de plus en plus erratiques d'une vieille dame esseulée abîmée par l'Alzheimer. Toutes choses pour lesquelles Véronique, bientôt jeune grand-mère et issue d'une famille de dix enfants, fait preuve d'une générosité et d'une tendresse épatantes, trouvant les mots justes et la juste distance pour accompagner sans brusquer, partager sans s'immiscer.

Dure à la douleur – elle se remet à peine d'une vilaine fracture du pied –, Véronique donne à l'occasion les bonnes adresses des médecins. À chaque pas de porte, les compliments pleuvent. Elle les reçoit avec une gourmandise non dissimulée en balançant à la cantonade : « Attention ! Toutes ces gentillesses, ça va faire enfler mes chevilles... C'est pas bon pour la convalescence ça ! »

“ Je voulais être prof de maths et finalement je suis devenue femme de lettres !

D'ailleurs, il existe un aspect un peu éducatif dans mon boulot. Même si la vie n'est pas un long fleuve tranquille, j'essaie toujours de voir et de communiquer à chacun le bon côté des choses. C'est ça, ma conscience professionnelle :

être impeccable sur le courrier, écouter les gens, leur donner le moral et des coups de main. Pour moi, c'est la base : c'est à cela que nous servons, nous, les facteurs.
Alors, souvent, j'écris des pense-bêtes aux petits vieux de ma tournée. À une dame âgée notamment qui s'est brûlée avec sa cuisinière au gaz, je lui ai laissé une belle affiche en couleur lui rappelant de bien fermer sa bonbonne. Je garde toujours, au centre courrier, pansements, couteau suisse, tournevis, Stabilo boss et même ouvre-boîtes : on ne sait jamais de quoi les gens peuvent avoir besoin. Il faut s'entraider. Sur ma tournée, il y a un dentiste qui, un jour, est venu à mon secours en pleine distribution du courrier parce qu'une rage de dents me faisait abominablement souffrir : entre trois recommandés et deux patients, on a expédié l'affaire en deux temps trois mouvements.
J'adore mon métier ! Vraiment, je ne pourrais pas m'en passer. Les six kilomètres de marche quotidienne sont autant de contacts, d'amis, de petits mots échangés. Pendant mes deux mois d'arrêt, à cause de mon pied cassé, certains se sont inquiétés de ne plus me voir. Ils ont remué ciel et terre pour avoir de mes nouvelles. Depuis mon retour, mes tournées se finissent beaucoup plus tard : j'ai deux mois d'infos à rattraper ! À la fin de la journée, c'est complètement rassasiée que je peux me mettre à ma peinture, en solitaire. Et puis, l'aventure est au coin de la rue. Un jour, à la charcuterie, une cliente que je connais bien m'a proposé de partir à Venise : son fils avait gagné un voyage mais ne pouvait en bénéficier. Trois jours de rêve, du jour au lendemain... J'y retournerai car vous savez, le facteur sonne toujours deux fois ! ”

RANCE

CENTRE COURRIER DE DIEPPE
5 RUE DE STALINGRAD
76208 DIEPPE CEDEX

57 FACTEURS EN FRANCE

57 FACTEURS EN FRANCE
315

HAUTERIVES /
(DROME)

Je partage : un jour, je discute avec l'un, un jour avec l'autre.

Joëlle Lafumas
48 ans, factrice depuis 1 an

JOELLE LAFUMAS
CENTRE COURRIER DE HAUTERIV
ZAE DES GONNETS
26390 HAUTERIVES

La factrice du palais idéal

À Hauterives, Joëlle Lafumas marche sur les traces d'un illustre collègue : Ferdinand Cheval, dit le « facteur Cheval ». Il a passé trente-trois ans de sa vie, de 1879 à 1912, à bâtir un « palais idéal », un monument extravagant de vingt-six mètres de long, quatorze de haut et dix de large. Parce qu'on lui refusa d'y être inhumé, il consacra huit années supplémentaires à bâtir son tombeau, tout aussi étonnant. Un tombeau à l'entrée du cimetière devant lequel passe chaque matin Isabelle, au début de sa tournée à mobylette.

Les enseignes des magasins, le nom d'une place, tout dans ce paisible village de 1 200 âmes rappelle cet homme hors du commun. Pourtant, selon les dires de joëlle, « les habitants ne m'en parlent pas ». Ce sont les touristes qui lui lancent des boutades : « Le facteur n'a pas sa brouette » ou « Vous ne transportez pas de cailloux », faisant référence à l'origine de la construction du palais. C'est en faisant sa tournée que Ferdinand Cheval trouva un caillou de forme curieuse et décida de se lancer dans son ouvrage titanesque, ramassant régulièrement des pierres comme il l'explique dans une lettre. « Un jour du mois d'avril en 1879, en faisant ma tournée de facteur rural [...] mon pied accrocha quelque chose qui m'envoya rouler quelques mètres plus loin [...] Je fus très surpris de voir que j'avais fait sortir de terre une espèce de pierre à la forme si bizarre, à la fois si pittoresque que je regardais autour de moi ». À Hauterives, il ne reste guère que Jean à avoir vaguement connu le célèbre facteur. Il avait onze ans au moment de sa mort. Nul ne sait comment Ferdinand Cheval se comportait comme facteur. En revanche, les habitants de Hauterives ne tarissent pas d'éloges sur Joëlle. Gentille, sympa, souriante, serviable, autant de qualificatifs qui parsèment son parcours, surtout lorsque sa mobylette atteint les hauteurs de Hauterives.

« Je partage : un jour, je discute avec l'un, un jour avec l'autre.

Sinon, les clients ont tendance à m'accaparer et ne veulent plus me laisser partir. Ils oublient que j'ai tout de même une tournée à faire. C'est vrai que je prends les choses à cœur. Mes collègues me disent que je suis trop sociale. C'est vrai qu'il y a certaines personnes à qui je rends très souvent visite. Comme cette vieille dame qui ne peut plus marcher. Sa famille m'a demandé de lui apporter le courrier chez elle car elle ne peut plus se rendre à la boîte aux lettres. Bien qu'elle dispose d'une aide ménagère, j'ai tendance à passer chez elle même si elle n'a pas de courrier. Je sais qu'elle est contente de me voir.

Je suis entrée à La Poste en 1992 pour trier le courrier à Saint-Sorlin en Valoire, puis j'ai fait de l'assemblage de publicité, avant de rejoindre le guichet. Quand je regardais mes collègues trier le courrier avant de partir en tournée, je les enviais. J'adore classer. Quant aux contacts avec les clients, ils sont beaucoup plus détendus avec le facteur qu'au guichet. La relation est différente car je viens à eux. Au bureau de Poste, ils manquent de patience et n'imaginent pas les problèmes que l'on peut rencontrer.

Si j'ai été ravie de devenir factrice, mes débuts n'ont pas été idylliques. Le premier jour, j'ai terminé ma journée de travail à 18 heures. Il m'a fallu six mois pour bien m'organiser et connaître mes clients. Le plus dur, c'est de mettre des visages sur une adresse. En plus, mon arrivée a coïncidé avec la réorganisation de la distribution. Les clients ne comprenaient pas pourquoi le courrier n'arrivait plus à la même heure.

Heureusement, je ne suis pas du genre à me décourager. Et je ne le regrette pas. J'ai été bien accueillie même s'il est toujours difficile de prendre la succession de quelqu'un qui est resté une trentaine d'années sur la tournée. C'est sûr que les gens prennent leurs petites habitudes.

Non vraiment, je ne regrette surtout pas d'être devenue factrice. À part le mauvais temps, c'est la seule chose que j'ai du mal à supporter. L'hiver dernier a été particulièrement rude. Et le soleil, cela fait tout de même partie du plaisir de la tournée. ”

ANCE

JOELLE LAFUMAS
CENTRE COURRIER DE HAUTERIVES
ZAE DES GONNETS
26390 HAUTERIVES

CTEURS EN FRANCE

TALMONT SAINT HILAIRE /
(VENDEE)

La nuit précédant ma première tournée en solo à Talmont, la tempête s'était abattue sur la France.

Fabrice Landais
31 ans, facteur depuis 8 ans

FACTEUR

FABRICE LANDAIS
CENTRE COURRIER DE TALMONT
SAINT HILAIRE
13 RUE NATIONALE
85440 TALMONT SAINT HILAIRE

De la bulle à la lettre

Malgré d'évidents dons artistiques, Fabrice Landais ne s'imaginait pas embrasser une carrière de dessinateur. Après s'être laissé tenter un an par une école de pub puis avoir passé deux années à la fac, il a vite compris que sa vraie nature le poussait ailleurs. Entré à La Poste en 1998, il ne renie rien de son art qu'il continue de pratiquer avec succès, après sa tournée. Il apprend le métier aux Sables-d'Olonne où on lui confie d'emblée le remplacement d'un facteur en arrêt maladie. Possédant sur le bout des doigts la géographie de sa ville de naissance, il acquiert bien vite la confiance de ses collègues. Cette reconnaissance se concrétise en 2000 quand La Poste lui propose un CDI au centre courrier de Talmont-Saint-Hilaire. Il prend en charge la tournée n° 12 qui le mène chaque jour à l'Océan. Ce qui n'a rien pour lui déplaire, avec sa tête de corsaire et son anneau à l'oreille gauche. Au guidon de sa mobylette, il emprunte des voies aux noms évocateurs qui fleurent bon l'iode et le sable chaud : la rue des Hautes Mers et l'avenue de l'Atlantique en traversant le camping du Paradis. Pourtant, Fabrice n'a rien d'un petit baigneur. Qu'il pleuve ou qu'il vente, cet artiste dans l'âme trace sa route d'un trait fin et assuré, comme il remplit ses cahiers de bandes dessinées. Et après sa tournée, il passe de la voie à la voix en répétant quelques morceaux avec son groupe rock et prépare son prochain tour... de chant !

« La nuit précédant ma première tournée en solo à Talmont, la tempête s'était abattue sur la France.

C'était en décembre 1999. Je ne reconnaissais plus rien. J'ai terminé à 18 h 30 alors que la nuit était tombée depuis longtemps ! Je ne m'attendais pas à des débuts aussi épiques moi qui voulais concilier un travail au grand air et mon goût pour l'activité artistique. Après l'armée, j'ai commencé à travailler comme docker. J'avais entendu dire qu'un emploi était disponible à La Poste des Sables-d'Olonne et je suis passé. J'ai obtenu rapidement la place. Tout m'a semblé naturel. C'était comme si j'avais été fait pour ça. Quand les choses se passent ainsi, il ne faut pas se poser de questions et saisir sa chance. La direction s'est même intéressée à mes dessins et m'a demandé de travailler pour Forum, *son journal interne, lors d'une cam-*

pagne de sensibilisation sur le thème des chiens. Il est vrai que de nombreux facteurs en sont victimes. Alors si la bulle aide à faire passer les idées, tant mieux ! Un de mes clients, amateur d'art, m'a même demandé de dessiner un paysage sur un mur extérieur de sa maison.
La Poste continue de susciter les vocations. Une de mes clientes m'a raconté que son fils avait annoncé à sa maîtresse qu'il voulait devenir facteur. C'est d'ailleurs lui qui vient chercher le courrier tous les midis… pour voir la mob !
Un matin, j'arrive chez une cliente d'un certain âge qui tentait de me dire quelque chose. À grands coups de "aujourd'hui c'est le jour des courses", elle finit par attirer mon attention sur sa voiture… dont le pneu était crevé. Je lui ai changé sa roue. D'autres ont des petites attentions : un monsieur m'a offert des pêches de son verger. J'en avais plein les sacoches. Après une tournée riche en nids de poules, il ne me restait plus qu'une belle compote.
Ma tournée est plus animée à partir de Pâques, au moment où les résidences secondaires s'ouvrent à nouveau. C'est aussi le temps des mauvaises surprises. Ainsi, deux clients habitant côte à côte se sont faits cambrioler deux années consécutives. Depuis, j'essaie d'y passer au moins une fois par semaine hors saison. D'autres clients sont plus heureux, comme ce couple à qui j'avais délivré un recommandé. Après m'avoir dit qu'il devait s'agir d'une erreur, pensant qu'il s'agissait d'une mauvaise nouvelle, ils ont fini par me sauter au cou. Ils venaient de découvrir un chèque de dix mille euros gagné à l'occasion d'un jeu concours !
Ainsi va la vie de facteur et avec moi, ça se termine souvent en chanson. Lors de la dernière Fête de la musique, c'était amusant de voir la boulangère danser pendant qu'on jouait sur scène. Le lendemain, quand je lui ai apporté le courrier, elle me lance "vous êtes déjà sur votre mobylette !". Hé oui, le courrier ne s'arrête jamais ! ”

ANCE

CENTRE COURRIER DE TALMONT
SAINT HILAIRE
13 RUE NATIONALE
85440 TALMONT SAINT HILAIRE

CTEURS EN FRANCE
MURAT /
(CANTAL)

57 FACTEURS EN FRAN

Quand Marie est décédée, son aide ménagère m'a donné une enveloppe.

René Rongère
54 ans, facteur depuis 30 ans

FACTEUR

RENE RONGERE
CENTRE COURRIER DE MURAT
1 RUE DU FAUBOURG NOTRE DAM
15300 MURAT

L'Auvergnat sans façon

René Rongère a beau être auvergnat, il arbore une magnifique casquette de marin. Un couvre-chef de circonstance : la bruine qui arrose le Cantal n'est pas sans évoquer le crachin breton. Le crachin ? Une plaisanterie pour René qui craint par-dessus tout la neige. Surtout quand elle s'abat sur les cinq derniers kilomètres qui le mènent jusqu'au col du Pat de Bouc, où il dessert trois clients. À 1 392 mètres, en cette fin de mars, il reste encore un mètre de neige.

René annonce la couleur : « Je me moque de l'heure à laquelle je rentre après avoir fini ma tournée. Je prends le temps qu'il faut pour distribuer le courrier et rencontrer mes clients. Si je n'avais que des boîtes à remplir, il y a bien longtemps que j'aurais quitté le métier. » Un « punaise ! » ponctue sa tirade, comme bon nombre de ses phrases.

René, c'est le calme incarné, la force tranquille. Parmi les traditions solidement établies, au cours de sa tournée, il déjeune avec certains de ses clients au « Cantou », le bar restaurant d'Albepierre, superbe village planté au milieu des volcans.

Que ce soit dans ce village ou dans les faubourgs de Murat par lesquels il commence sa tournée, le nombre de clients qui l'attendent est impressionnant. Son passage semble relever d'un rite. Marie, soixante-dix-sept ans, supplie : « Dites-leur à La Poste que le passage quotidien de René est indispensable, bien plus qu'une boîte aux lettres. Je le vois davantage que mes voisins. » Si Murat parvient à maintenir une certaine activité économique, la région se désertifie. Beaucoup craignent que les services publics ne disparaissent un à un. Et tous redoutent le départ à la retraite de René.

« Quand Marie est décédée, son aide ménagère m'a donné une enveloppe.

Imaginer qu'elle avait pensé au facteur avant de mourir m'a mis les larmes aux yeux. Je passais dire bonjour à Marie tous les jours, même quand elle n'avait pas de courrier. Elle était malvoyante, alors je lui disais combien il restait d'argent sur son compte, en anciens francs bien sûr, et je lui lisais ses lettres. Je connaissais toute sa vie. Parfois, je me sentais gêné, ce n'est pas toujours simple d'entrer ainsi dans l'intimité des gens.

Les clients qui disparaissent, c'est mon calvaire. Tous les matins, je crains d'en voir par-

tir un. Un jour, je m'arrête à Albepierre chez Christian, soixante-cinq ans. Les volets sont clos. Je sais qu'il n'est pas allé à l'épicerie comme d'habitude. La voisine me dit qu'elle ne l'a pas vu. Inquiet, j'ameute tout le village. Pour rien : Christian était juste parti faire la tournée des bars à Murat !

Pourtant, au début, tout le monde gardait ses distances, même si je suis originaire de la vallée de Mandailles à 35 kilomètres d'ici. Dans le Cantal, on est un peu méfiant. Depuis, ils m'ont adopté. Lorsque j'ai été opéré, certains ont même réussi à trouver le numéro de téléphone de ma sœur, chez qui je me reposais, pour m'appeler et me demander des nouvelles.

Je me souviens d'une année où un vieux monsieur m'avait donné plus d'argent que d'habitude pour les calendriers. Quand je le lui ai fait remarquer, il s'est mis en colère et m'a menacé de me frapper avec sa canne si je ne prenais pas l'argent. Un peu plus loin sur la tournée, j'ai croisé son fils et, embêté, je lui ai raconté. Il m'a répondu : "S'il vous a donné cela, c'est que vous le méritez !"

Beaucoup de mes clients sont agriculteurs. Certains travaillent toujours en famille, avec trois générations sur la même exploitation. Je suis moi-même fils d'agriculteur et j'étais destiné à ce métier. Jusqu'à trente ans, j'ai travaillé dans la ferme de mes parents. Mais l'élevage à la montagne est une activité trop dure et pas assez rentable. C'est mon père qui m'a conseillé d'entrer à La Poste. Le plus drôle, c'est que lorsque mon institutrice m'avait demandé ce que je voulais faire plus tard, j'avais répondu facteur, au hasard. Mon frère aîné a lui aussi été reçu au concours de facteur mais il n'a tenu que huit jours à Sarcelles !

Je n'ai pas oublié mes origines. L'après-midi, je vais donner des coups de main dans les exploitations. J'aide notamment Jean à monter des clôtures, à rentrer le fourrage, à déplacer des bêtes. Il m'a présenté quasiment toutes ses cousines. Ils veulent tous me marier sur la tournée. Au bureau aussi. Un chef d'établissement m'avait même signalé une cliente veuve : "Elle serait bien pour vous, elle a l'air sympa", m'a-t-il dit. Je n'ai pas encore trouvé l'âme sœur, j'aime trop ma liberté. ”

ANCE

CENTRE COURRIER DE MURAT
1 RUE DU FAUBOURG NOTRE DAME
15300 MURAT

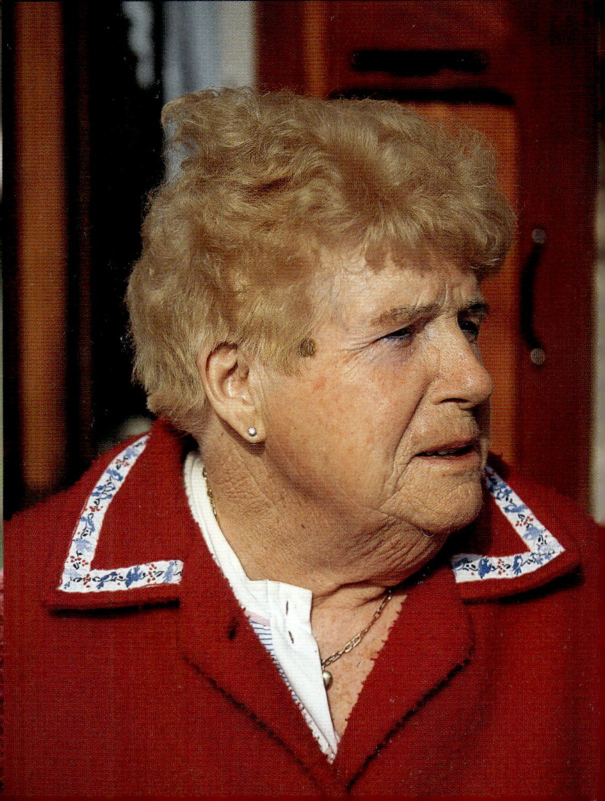

CTEURS EN FRANCE

NICE /
(ALPES MARITIMES)

Je suis la gaieté personnifiée dans la vie comme dans mon travail.

Barbara Fanton-Dandon
36 ans, factrice depuis 5 ans

FACTEU

BARBARA FANTON DANDON
CENTRE COURRIER DE NICE GARIBA
34 RUE BARBERIES
06358 NICE CEDEX

Barbara, le fil du quartier de l'Ariane

Barbara a choisi sa tournée le 1er avril 2005. Pas de poisson d'avril mais des barres HLM lépreuses, halls d'entrée saccagés, boîtes aux lettres défoncées, interphones hors-service... l'Ariane ne fait pas vraiment partie des coins chic de Nice. « C'est un quartier vraiment défavorisé, personne n'en voulait, se souvient-elle. J'ai des collègues qui s'y sont fait voler leur mobylette, d'autres dont le contenu des sacoches a été dispersé. Mais je souhaitais tellement avoir ma propre tournée que j'ai sauté de joie quand j'ai décroché celle-là. » À la voir glisser prestement les lettres dans les boîtes, malgré leur état pitoyable et les noms griffonnés, on devine qu'elle commence à bien la connaître. Ses clients aussi à qui elle remet le courrier en main propre après un bonjour, un petit mot ou un éclat de rire. La plupart du temps, Barbara est attendue, sur le trottoir ou dans les halls d'entrée. Quand elle ne se fait pas héler depuis les fenêtres. « Y'a quelque chose pour moi, aujourd'hui ? » Un bloc plus loin, la bise à une autre mamie : « Vous pourrez me poster ma lettre ? » Rue Anatole de Monzie, une vieille dame l'accueille avec une mine réjouie. « Alors ces vacances ? Bon, maintenant que vous êtes rentrée, vous allez pouvoir m'aider à remplir ma déclaration pour la retraite complémentaire. » Barbara accepte, un grand sourire en prime. Elle sait combien sa bonne humeur et ces petites attentions sont importantes dans ce quartier rongé par la misère.

« Je suis la gaieté personnifiée dans la vie comme dans mon travail.

Pourtant ma tournée n'est pas drôle tous les jours. Plusieurs immeubles sont réputés pour être des coupe-gorge. Un jour, je me suis faite coincer par un type bourré. Je m'en suis sortie de justesse. D'ailleurs, les gens qui ne connaissent pas hésitent à monter dans les étages. Mais moi, dans certains cas, je ne peux pas m'en empêcher. Pour porter le courrier aux gens, prendre des nouvelles... Ici, il y a une vieille dame qui a du mal à se déplacer, alors je lui monte son courrier. Pour me remercier, elle m'offre une cigarette. Sauf en ce moment, c'est moi qui l'approvisionne parce qu'elle n'a pas touché sa pension.
Là, c'est un couple de retraités qui commande régulièrement des "Allô facteur", un service

qui leur permet de se faire porter à domicile une somme d'argent de leur CCP. C'est pas très prudent de se balader dans le coin, surtout avec 500 euros dans la poche. Mais si je n'assurais pas cette prestation, comment feraient-ils ? Ils ont trop peur d'aller eux-mêmes au distributeur.
Il m'arrive fréquemment d'apporter des courriers d'huissiers, ou des lettres pour avertir des parents que leur fils est en prison. Bon nombre d'entre eux ne savent pas lire ou comprennent à peine ce qui est écrit. On ouvre les lettres ensemble et je leur explique de quoi il retourne. Je leur donne aussi des conseils pour répondre ou des indications sur la marche à suivre. Parfois, je les oriente vers la Maison de la justice et du droit installée dans le quartier, une sorte de bureau d'aide sociale. C'est exactement la même chose avec les relevés bancaires – certains ne savent même pas distinguer les débits des crédits – ou avec les questionnaires des Assedic ou de la Sécurité sociale qu'ils doivent remplir. Il m'arrive souvent de rester un moment avec eux pour les aider.
Au quotidien, évidemment, c'est dur. C'est une tournée difficile : on peut vite se faire bouffer. Il faut savoir résister à la pression quand une personne tente de vous forcer à mettre NPAI (n'habite pas à l'adresse indiquée) sur la lettre recommandée qu'elle reçoit des impôts. Ne pas prêter attention aux injures et aux provocations. Au début, en quittant le bureau le matin, j'avais une boule au ventre. Je rêvais de changer de tournée. Jusqu'au jour où je suis tombée nez à nez avec une bande qui m'a menacée de me piquer ma mobylette. Je leur ai dit : "Si vous voulez vos allocs, il faut me laisser distribuer le courrier. Et sans mobylette, plus de courrier." Personne n'y a jamais touché. Pas plus qu'à mes sacoches de lettres. Et moi, petit à petit, je me suis habituée à tout ça. À tel point que je ne suis plus sûre du tout d'avoir envie de changer. J'aime mon boulot, je me mets en quatre pour rendre service aux gens, j'essaie d'avoir toujours le sourire. Dans certains immeubles, je me suis rendu compte que les gens n'attendaient que moi pour parler, vider leur sac, raconter leurs galères. Au fond, c'est enrichissant, je suis factrice et même un peu plus. Je pense que mes clients m'apprécient pour ça. ”

CENTRE COURRIER DE NICE GARIBALDI
34 RUE BARBERIES
06358 NICE CEDEX

CTEURS EN FRANCE

CUISE LA MOTTE /
(OISE)

Je ne suis pas Mère Térésa, je n'aime pas que l'on parle de moi !

Véronique Cura-Stura
45 ans, factrice depuis 6 ans

FACTEU

VERONIQUE CURA STURA
CENTRE COURRIER
DE CUISE LA MOTTE
11 RUE DU DR MOUSSAUD
60350 CUISE LA MOTTE

Le sixième sens

Elle part en vacances et elle nous nargue en nous envoyant une carte !, balance, rigolard, un fringant papy. « C'est vrai, j'aime bien écrire alors j'envoie des cartes postales à quelques clients quand je pars. » Mue par une telle passion épistolaire, comment ne pas entrer à La Poste ? C'est la voie choisie par cette jeune femme hyperactive de quarante-cinq ans au regard pétillant. En avril 1999, l'entreprise de grillagerie qui l'employait supprime son poste de secrétaire pour motif économique. Pas du genre à se laisser abattre, Véronique, mère de deux enfants, profite aussitôt d'une place de factrice remplaçante. Très vite, on la sent chez elle, « dans son jus ». Aujourd'hui, elle a sa tournée et arpente en voiture les jolis villages de l'Oise, avec leurs vieilles bâtisses en pierre de pays et leur toit caractéristique en escalier, situés à la limite de l'Aisne en bordure de la magnifique forêt de Compiègne. Au milieu de sa tournée, elle passe par Pierrefonds, le village qui l'a vu naître et qu'elle n'a jamais quitté. Dominant la région, le majestueux château construit sur les plans de Viollet-le duc semble poser son regard protecteur sur chaque maison. Suivre Véronique dans sa tournée relève du défi physique : il y a comme une urgence à délivrer chaque lettre, chaque journal, chaque colis. Elle donne l'impression d'aller à cent à l'heure car tout se déroule sans fausse note et coule facilement, sans rien laisser au hasard, comme une douce mélodie qu'égrènerait du papier à musique. La tournée bouclée, Véronique s'engage dans une autre activité tout aussi prenante, le Téléthon.

« Je ne suis pas Mère Térésa, je n'aime pas que l'on parle de moi !

Si je me suis occupée du Téléthon c'est parce qu'il fallait bien que quelqu'un le fasse. En 1994, j'ai assisté aux manifestations organisées pour la première fois dans mon village. J'ai trouvé ça bien. En revanche, rien ne s'est passé l'année suivante. J'étais tellement déçue que je suis allée voir le maire. Il m'a laissé carte blanche pour la suite des opérations. Pendant six ans, j'ai tout organisé et puis, à partir de 2002, je suis devenue coordinatrice. Je gère les dossiers, j'aide à monter les projets. Il faut que tout soit fait dans les règles sinon on ne recueille pas d'argent. C'est important de lutter contre la maladie car on oublie qu'elle tue. Comme je suis trop sensible pour m'occuper des malades, je fais tout pour aider la recherche à progresser. En mai 2002, j'ai participé à une visite organisée par La Poste du Généthon à Évry, le laboratoire chargé de la recherche sur la myopathie. Maintenant, je sais que nos efforts servent à quelque chose. Une tournée, c'est pareil ! Je ressens la même utilité à délivrer le courrier. Car en fait il s'agit de bien plus. La Poste, c'est avant tout un engagement où il est question de présence et de chaleur humaine. D'abord, beaucoup de clients m'attendent devant chez eux, comme si ma visite était le principal événement de leur journée. Parfois, certains m'invitent à manger un petit quelque chose. Ici, on me fait des crêpes, délicieuses, ailleurs on me propose un croque-monsieur. J'apprends à connaître chacun d'entre eux et une espèce de sixième sens se développe, m'avertissant s'ils sont là ou pas. Si mes clients sont essentiellement des ruraux, de plus en plus de Parisiens ont leur maison de campagne par ici. Il faut être rigoureux et attentif. Moi, j'aime bien avoir mon carnet de tournées à jour. C'est important pour celui qui vous remplace. J'ai commencé en faisant des remplacements, alors je sais ce que c'est. J'ai demandé aux clients qui ne l'avaient pas fait d'inscrire leur nom sur leur boîte aux lettres. Comme certains n'y pensent pas, c'est moi qui ai marqué leur nom.

Ici, on est obligé d'aimer les animaux. Une de mes clientes avait un petit chien qui venait systématiquement prendre le courrier dans sa gueule pour lui apporter. Une autre possède un âne. Quand je passe chez elle avec les calendriers, j'en choisis toujours un avec un petit âne. Il m'arrive d'apercevoir des vaches égarées sur la route et je sais quel éleveur avertir pour qu'il les ramène dans l'enclos. Et puis lorsqu'un client refait sa clôture, je lui indique le meilleur endroit pour installer sa boîte aux lettres. Tout ça crée des liens invisibles. Au quotidien, on ne remarque pas toujours l'élan de sympathie autour de nous. Moi, je m'en suis rendu compte le jour de l'enterrement de ma grand-mère. Tous ces clients venus me témoigner leur affection, ça m'a fait chaud au cœur. ”

RANCE

VERONIQUE CURA STURA
CENTRE COURRIER
DE CUISE LA MOTTE
11 RUE DU DR MOUSSAUD
60350 CUISE LA MOTTE

CTEURS EN FRANCE

CHAUMONT /
(HAUTE MARNE)

 57 FACTEURS EN FRAN

Pendant seize ans, Fifi m'a accompagné sur ma tournée.

Marc Ruiz
52 ans, facteur depuis 33 ans

FACTEURS

CENTRE COURRIER DE CHAUMONT
21 AVENUE MARC CHAGALL
52902 CHAUMONT CEDEX 9

L'histoire de Marc et Fifi

Le chien est le meilleur ennemi du facteur, c'est bien connu. Mais pas celui de Marc Ruiz. Pendant seize ans, il a effectué sa tournée en compagnie d'un berger allemand, celui d'un de ses clients.

Mais, depuis deux mois, Marc Ruiz a changé de tournée. Il a troqué les quartiers pavillonnaires de Chaumont pour les rues de Jonchery et d'Euffigneix, deux petits villages, qui, chaque matin, assistent au chassé-croisé entre la voiture jaune et la camionnette de la boulangère. Ce natif de la région est passé par la case Paris durant deux ans et demi avant de revenir à Chaumont.

Les clients n'ont pas mis longtemps à s'habituer à la grande silhouette tranquille de Marc et à l'adopter. « Faut pas s'affoler dans la vie », philosophe-t-il. De fait, très rapidement, il a instauré quelques rites tels que s'arrêter un instant pour discuter avec Paulette, la mère d'un de ses anciens collègues aujourd'hui décédé, ou prendre le café chez Ginette. « J'ai la chance d'avoir un facteur qui corrige mes erreurs, lance cette dernière. Par exemple, c'est lui qui m'a signalé que ma compagnie d'assurance avait changé d'adresse, ou encore il s'assure que j'ai mis le bon nom sur mes mandats. »

Certains clients connaissent sa seconde vie de bricoleur-né. Il collectionne les scooters des années 1950 qu'il restaure – « entre 250 et 300 heures de travail », assure-t-il. Des doigts en or dont refuse de s'enorgueillir Marc, homme discret et tranquille.

« Pendant seize ans, Fifi m'a accompagné sur ma tournée.

Fifi est la femelle berger allemand de Pierre, un client handicapé qui vit sur un fauteuil roulant. Alors, quand il avait besoin de quelque chose, je le lui apportais.

Avant Fifi, Pierre avait un autre berger allemand. Je lui mettais les lettres dans la gueule et il les donnait à son maître. Fifi, elle, n'est

jamais rentrée dans ce jeu. Je rentrais chez Pierre pour lui porter le courrier. Elle était très jeune et elle s'est rapidement habituée à moi. J'ai toujours aimé les animaux, j'ai même eu quatre chiens, dont le dernier était un berger allemand.
Un jour, alors que je m'en allais, Fifi est sortie et a commencé à m'accompagner. J'ai bien essayé de la faire rentrer, de tenter de lui faire comprendre qu'elle ne pouvait pas venir avec moi. Rien à faire, elle m'a suivi. Comme elle était encore jeune, j'avais un peu peur qu'elle se fasse écraser ou qu'elle aille dans tous les sens. Pas du tout, elle m'a gentiment suivi, m'obéissant au doigt et à l'œil.
Depuis ce jour, tous les matins de 9h à 12h30, qu'il pleuve, qu'il vente, qu'il neige, Fifi était de toutes mes tournées, connaissant parfaitement le trajet et trottinant devant moi. C'était une sacrée compagnie. En plus, elle gardait mon vélo sur le trottoir quand j'entrais chez les gens. En fin de matinée, je lui disais "Allez Fifi, c'est fini, tu peux repartir. À demain!" Elle me regardait, je la caressais et elle rentrait chez elle. Le lendemain à 9 H, elle m'attendait derrière sa porte.
Au début, les clients croyaient que c'était mon chien. Ils trouvaient tout de même curieux qu'un facteur fasse la tournée avec son animal domestique. Progressivement, Fifi a fait partie du décor, au même titre que mon vélo ou que ma sacoche. Cette tournée un peu particulière a intéressé la presse: France 3 a tourné un reportage et La Haute Marne m'a consacré un article.
Et puis, j'ai pris une autre tournée en campagne. Pierre m'a raconté que, après mon départ, pendant plusieurs semaines, Fifi est restée couchée sur le trottoir sans bouger à m'attendre. Elle n'a jamais suivi que moi: elle n'a jamais emboîté le pas de mes remplaçants ni du nouveau facteur. Il faut dire que ce dernier fait sa tournée en mobylette. ”

ANCE

CENTRE COURRIER DE CHAUMONT
21 AVENUE MARC CHAGALL
52902 CHAUMONT CEDEX 9

CTEURS EN FRANCE
TROYES /
(AUBE)

C'est la première fois que mes clients me voient peinturluré en supporter.

Didier Desrat
53 ans, facteur depuis 34 ans

FACTEU

DIDIER DESRAT
CENTRE COURRIER DE TROYES
BP 400
2 PLACE SAINT VINCENT DE PAUL
10025 TROYES CEDEX

Le siffleur

Après la célèbre tournée à l'américaine immortalisée par Jacques Tati dans *Jour de fête*, voici la tournée à la française de Didier Desrat. Ce 5 juillet 2006, au matin de la demi-finale de la coupe du monde France-Portugal, cet inconditionnel de l'AJ Auxerre arbore un visage peint en bleu, blanc, rouge, une perruque tricolore sur la tête, et un maillot de l'équipe de France sur le dos.

Succès garanti. Des coups de klaxon et des « Allez les Bleus » accompagnent son passage à bicyclette dans les rues de Troyes qu'il emprunte pour se rendre dans le quartier populaire où il distribue le courrier depuis vingt-cinq ans. Didier Desrat est fidèle à Troyes depuis 1974, année de son retour du service militaire. Auparavant, il avait passé une année à Montreuil en Région parisienne.

« Il est vraiment incroyable ! ». Ses clients n'en reviennent pas. Pourtant, ils commencent à connaître ses facéties, lui qui, depuis cinq ans, s'habille en Père Noël pour la tournée du 24 décembre. Dans les immeubles, ils sont nombreux aux fenêtres à l'applaudir et l'encourager, y compris des Portugais.

Didier annonce son arrivée par un « Youpee », lancé sur un ton suraigu. Surnommé le « siffleur », car il ne cesse de siffloter tout au long de sa tournée, sa réputation dépasse même le quartier, selon les dires de certains de ses clients qui, pour rien au monde, ne changeraient de farceur. Jeannine, quatre-vingts ans, dit de lui : « Ce n'est pas le facteur, c'est mon ami. Il est bon, il est droit, il est juste. » Car s'il est connu pour ses pitreries, Didier Desrat est surtout apprécié pour sa discrétion et sa gentillesse.

C'est la première fois que mes clients me voient peinturluré en supporter.

Ils ne sont pas trop surpris car ils ont appris à me connaître en vingt-cinq ans. Même si je ne suis pas du genre à me faire remarquer, ils savent que j'aime bien rigoler et faire le pitre. Une année, j'ai eu l'idée de me déguiser en Père Noël pour le 24 décembre. Cela m'a pris comme cela, pour changer, pour casser la routine. J'ai demandé à mon chef qui m'a donné son autorisation. Cette initiative égaye la tournée et met les gens de bonne humeur.

Depuis, c'est devenu une tradition. D'ailleurs, L'Est Éclair, *le journal local a consacré un article à ma tournée de Noël.*
En même temps, je distribue des bonbons aux enfants. Les plus drôles, ce sont les petits. Il faut les voir me regarder avec leurs grandes billes. Ils restent bouche bée, même s'ils ne sont pas très rassurés d'embrasser le Père noël. Les plus âgés, eux, me reconnaissent, même si leurs parents essayent de leur faire croire que je suis vraiment le Père Noël. "Mais si Maman, je te dis que c'est le facteur", insistent-ils.
Du haut des immeubles, certains m'appellent pour que je monte voir les enfants et pour prendre des photos. Chez certains, je repasse en fin de tournée quand les petits sont rentrés. Pour la coupe du monde, j'ai quand même réussi à en surprendre quelques-uns, surtout une dame âgée à qui j'apportais un recommandé et qui m'a dit : "C'est pourtant pas carnaval en plein mois de juillet !" Elle ne devait pas s'intéresser au football.
C'est vrai que j'aime bien me déguiser, dans ma vie professionnelle comme dans les occasions privées : je suis arrivé habillé en Égyptien à un mariage et j'ai eu un franc succès. En fait, je ferai merveille à Nigloland, le parc d'attraction à côté de Troyes.
Ce côté facétieux renforce encore les contacts avec mes clients. En fin de tournée, quand j'ai fini mon travail, je prends plaisir à rendre visite à certains et à rester discuter un petit quart d'heure avec l'un ou l'autre. Aujourd'hui, je vais chez Jeannine, 80 ans. Elle dit que je fais partie de sa famille et que je suis le seul homme que son fils autorise à l'approcher. C'est une femme extraordinaire qui a toujours plein d'histoires à raconter. Il m'arrive de lui faire des courses que je lui apporte l'après-midi avec ma voiture. Je me rends aussi chez Cécile, 82 ans. Comme il fait très chaud, je sais qu'elle ne sortira pas de chez elle. Alors, je lui apporte son pain, c'est aussi ça le contact.
"

RANCE

CENTRE COURRIER DE TROYES
BP 400
2 PLACE SAINT VINCENT DE PAUL
10025 TROYES CEDEX

CTEURS EN FRANCE

COMBRÉE /
(MAINE ET LOIRE)

57 FACTEURS EN FRAN

Quand il me reste des calendriers, je les donne à l'école primaire.

Dominique Gelu
50 ans, factrice depuis 9 ans

FACTEUR

CENTRE COURRIER DE COMBREE
36 RUE DE L HOTEL DE VILLE
49520 COMBREE

Du côté de chez Dominique

Elle s'interroge sur un des arbres de sa tournée qui ressemble furieusement à un ptérodactyle puis évoque avec passion les expressionnistes allemands. Dominique Gelu est un personnage à part, poète et artiste. Il lui était difficile d'imaginer travailler en dehors du service public. Pas seulement parce que distribuer le courrier le matin lui laisse le temps de se consacrer à ses deux passions, la lecture ainsi que l'histoire et la pratique de la peinture. Aussi parce qu'elle conçoit son métier de factrice comme une activité noble. Son amour de la parole est pour elle un moyen de se porter vers l'autre pour tenter de prolonger le mouvement mécanique de son bras qui fait glisser la lettre dans la boîte. Entrée à La Poste en 1983 comme guichetière, elle passe le concours de factrice en 1992. Pourtant, elle reste au guichet jusqu'en 1997 avant de commencer comme remplaçante puis de prendre sa propre tournée en 2005. Atypique, son parcours lui ressemble. Dominique va où son imaginaire la porte. À la voir rouler sur les petites routes du Maine et Loire truffées de clochers et de belles demeures, on se plaît à rêver d'un univers proustien. Et il est vrai que de Combrée à Combray, l'imagination peut se transporter aisément.

“Quand il me reste des calendriers, je les donne à l'école primaire.

Le professeur s'en sert pour expliquer les mouvements de la Lune à ses élèves. De toutes façons, cela reste dans le service public et l'éducation est plus importante que tout. Je suis très fière de faire ce métier. Travailler comme facteur va bien au-delà de la relation client. On sent que tout peut se produire à chaque instant. On rencontre tellement de choses fantastiques, de gens hors du commun et d'instants magiques.
La dernière fois, un petit grand-père s'est mis à me parler d'ADN, comme ça, sans prévenir.

C'est ça que j'apprécie. Quand cela part dans tous les sens. On peut croiser quelqu'un tous les jours sans rien connaître de lui ni de ses passions. Mais quand on est facteur, c'est un crime que de passer à côté de tout ça. J'aimerais avoir un appareil photo numérique pour tenir le journal de ma tournée. J'aurais envie d'immortaliser tout ce que je vois, les attitudes de mes clients, leurs gestes et leurs regards pour apporter un jour un témoignage de la vie menée ici-bas.

Nous sommes directement confrontés au quotidien de chacun. L'intimité créée par l'habitude nous lie de façon très proche à quelques clients. Un d'entre eux, de condition modeste, tient à m'offrir des gâteaux parce qu'il connaît ma gourmandise. Pour Noël, j'ai été invitée avec mon mari, également postier, par un couple de clients anglais qui rénove une belle ferme. Ils nous ont préparé un repas typiquement anglais. C'est ce genre d'instants partagés qui rend unique le métier de facteur.

On rencontre aussi des personnages amusants. Le hasard veut que je desserve les maisons de deux frères jumeaux. Comme je ne les distingue pas assez bien, ils en profitent pour me jouer des tours en se faisant passer l'un pour l'autre. À la fin, je ne sais plus à qui je dois donner le courrier. De toute façon, cela reste dans la famille et ils s'entendent bien.

Sur ma tournée, je roule facilement pendant une centaine de kilomètres dans la campagne du Maine et Loire, aux frontières de la Mayenne. Comme les fermes sont isolées, les clients se montrent en général très prévenants. Lorsqu'il neige ou qu'il gèle, l'un d'entre eux sort de chez lui pour vérifier si la route est praticable. Si ce n'est pas le cas, il passe un coup de fil et je dépose son courrier chez la voisine. Je me suis fait avoir une fois et j'ai fini dans le fossé. La voiture n'avait rien et c'est un client agriculteur qui m'a sortie de là avec son tracteur. C'est le privilège du métier : quand on est facteur, on est proche des gens et on sait aussi que l'on peut compter sur eux.

”

ANCE

DOMINIQUE GELU
CENTRE COURRIER DE COMBREE
36 RUE DE L HOTEL DE VILLE
49520 COMBREE

Il ne figurait pas
dans le tome 1
de *Facteurs en France*
au grand dam
de sa maman.
CTEURS EN FRANCE
Ce qui ne l'empêche
pas de trinquer
à la santé du livre.
Voici sa lettre.

57 FACTEURS EN FRANCE

365

DC 2006 - 479

29 MAI 2006

Salut tout le monde !..

Levée de boucliers chez les potes du boulot, à propos de votre idyllique bouquin...

" Arrêtez les fleurs, la pommade, les violons, la guimauve, le cinéma, et tout le fourbi ! "

Ils y vont un peu fort, quand même. C'est vrai que si vous commencez à parler de ce qui va pas, on est parti pour une encyclopédie en dix volumes !.. Faut bien vendre le bouquin...

Ce que j'en pense, moi ? Bof.

L'important, finalement, c'est qu'il ait plu à ma maman, toute contente du cadeau inespéré, mais déçue légitimement de ne pas y voir son fiston.

C'est vrai que vous auriez pu faire une espèce d'appel d'offres ou organiser un envoi de candidatures, c'eût été la moindre des choses...

366 D'autre part, là où vous avez quelque peu déconné, si je puis me permettre, c'est de ne pas évoquer le jaja, associé au métier de facteur depuis la nuit des temps, même si on a tendance quand même à moins picoler, suivant l'évolution de la société.

Je me permets, en toute modestie, de réparer ce regrettable oubli, en vous envoyant un cliché qui vous réconciliera avec les plusieurs millions de lecteurs frustrés par ce côté du facteur passé à la trappe, involontairement, j'espère...

Votre zélé serviteur va même jusqu'à monter sa monture (pléonasme...) sur la terrasse ; faut le faire ! Surtout qu'en plus, les mecs qui viendront se rafraîchir le gosier, seront obligés de contourner cet obstacle inattendu, et auront intérêt à ne pas être trop gros...

ôté lecture, vous aurez aussi remarqué que notre homme de lettres ne manque jamais de s'instruire, dévorant avidement la rubrique des chiens écrasés de son quotidien préféré, d'un joli coin de France, de cette douce France qui plaît tant à nos lecteurs...

Bon, maintenant ça suffit, j'arrête mon blablabla, l'important est que vous ayez trouvé votre numéro 52, celui qui manquait tant à votre galerie de portraits, symphonie inachevée...

Pas de ça entre nous, je ne vous demande aucun dédommagement, aucun droit, indemnités ou royalties, juste de vite rattraper le coup...

En avant pour le volume 2 !

Merci. Salut. A votre santé !..

Votre dévoué Marcel.

Marcel Boivin, 20 rue de l'Abreuvoir 92120 Montrouge.

Marcel Boivin

Index
auteurs et photographes

achevé d'imprimer
en octobre 2006
par edipro